Hans-Joachim Gehrke

亚历山大大帝

ALEXANDER DER GROSSE

〔德〕汉斯－约阿希姆·格尔克 / 著

王诗文 / 译

社会科学文献出版社

SOCIAL SCIENCES ACADEMIC PRESS (CHINA)

第一章 亚历山大之谜

"历史上爱他恨他的人各不相让，他的形象也模糊不清，摇摆不定。"[1] 席勒在《华伦斯坦》（ *Wallenstein* ）的序诗中的这句格言恰如其分地表达了人们对于亚历山大大帝的态度，至少如同人们看待三十年战争的指挥官们那样。即使在古代，人们对他的评价也大相径庭。"在很短的时间内，"历史学家西西里的狄奥多罗

---

[1] 张玉书编《席勒文集》（3，戏剧卷），张玉书译，北京：人民文学出版社，2005，第360页。（如无特别说明，本书页下注均为译者注。）

斯 ① 评价道，"这位君王建立了无数的丰功伟绩。凭借自己过人的胆识，他所取得的伟大成就与其所蕴含的历史意义超越了有史以来所有的君王。在短短十二年的时间里，他便征服了欧洲大部分地区以及几乎整个亚洲，并以此获得了广泛的声誉，使自己与古代英雄和半神齐名。"（17，1，3f.）然而与之相反，我们从罗马元老院议员和斯多葛派哲学家卢修斯·阿奈乌斯·塞内卡 ② 这里读到了截然不同的评论："不幸的亚历山大的暴戾恣睢令人发指。希腊是他的故乡，他在这里

---

① Diodor aus Sizilien，公元前 1 世纪古希腊历史学家，著有世界史《历史丛书》（*Bibliotheca historica*）四十卷，共三部分：首六卷按国别分别介绍古埃及、美索不达米亚、印度、塞西亚、阿拉伯、北非、希腊及欧洲的历史与文化；第二部分（卷七至卷十七）记述自特洛伊战争至亚历山大大帝的世界历史；第三部分（卷十七以后）记述亚历山大以后的继业者至恺撒发动高卢战争的历史。

② Lucius Annaeus Seneca（约公元前 4 年～公元 65 年），古罗马著名的斯多葛学派哲学家、政治家、剧作家，主张提高道德、智慧，保持精神上的安宁是人唯一的任务，倡导禁欲主义，要求人们放弃现实生活和欲望，等待神的启示和精神上的解脱。由于塞内卡的这种思想对未来基督教影响较大，德国哲学家恩格斯在著作《布鲁诺·鲍威尔和早期基督教》中称其为"基督教的叔父"。

初获启蒙，之后却也偏偏从这里开始他的征服之路，难道你认为这样的人是精神健康的吗？……对于那些在被父亲腓力二世（Philipps II）征服或购买的国家中所发生的不幸，他并不感到满足，而是继续举着他的武器将整个世界变得支离破碎。他的暴行永无止境，这样的他如同贪得无厌的野兽。"（*Epistulae morales* 94，62）

这全然相反的两种评论所表现的张力一直延续到了现代研究之中。这一研究始于约翰·古斯塔夫·德罗伊森①关于亚历山大大帝的早期著作（1833）。马其顿国王和世界征服者的身影就像在邀请我们前来评判他。如果仔细揣摩这些关于他的评论，我们会吃惊地发现：虽然这些林林总总的陈述都是有理可依、有据可循

① Johann Gustav Droysen（1808~1884），德国重要的历史学家和历史理论家。1833年，随着处女作《亚历山大大帝史》在柏林出版，德罗伊森跻身当时历史学家前列。凭借其开创性的对希腊化历史的记载，德罗伊森将"希腊化时代"一词定义为从亚历山大到埃及艳后的历史时期。德罗伊森是最早主张不应该把亚历山大大帝之后的三个世纪看作衰落时代的历史学家之一，他认为，这段时期仍然应被视为发展时期，因为如果没有这些发展，基督教就不可能出现。

的，且其中也包含着辉煌的研究成果，但是最终它们都各自指向某一幅特定的关于亚历山大的图景。这些图景往往更多地展现了其作者与他们的时代的面貌，而不是历史对象亚历山大大帝本身。我们感觉到，在时代洪流的裹挟之下，亚历山大大帝的人物形象仿佛与不同年代的社会背景缠绕在了一起，甚至在近现代，尤其是在启蒙运动中，我们也经常能够读到这样带有影射意味的解释。在德罗伊森看来，亚历山大大帝在黑格尔哲学的意义上促进了历史发展，从而为基督教的启示和传播创造了决定性的前提条件，即某种东西方的结合。在威廉·伍德索普·塔恩（William Woodthorp Tarn）笔下，亚历山大大帝则是开明的英帝国主义意义上的一位"世界祝福者（Weltbeglücker）"，在弗里茨·沙赫尔梅尔（Fritz Schachermeyr）眼中，他又如恶魔般的超人和泰坦，使人在不同的时间点上回想起希特勒的所作所为。以怀疑主义为标志的战后精神环境促进了实用主义解释的倾向，这种倾向仅仅想要以"极简主义"的方式提供某种确定性，并且相较于总体判断，它更倾向于在不错失全部价值的条件下讨论某个问题。^①事实上，我们所处的"后现代"对这种立场更为开放，甚至可以说是助其一臂之力：我们现在遇到了一名极具破坏性的精神病患者，或者说是狄俄尼索斯式的纵情过度的酒鬼亚历山大。^②尽管如此，亚历山大大帝始终伫立于东西方之间这一充满张力的领域之中，邀后人评说。^③

本书的作者在多大程度上能够避免——或者说成功避免了——这些历史的影响，就要交由读者来判断了。但无论如何，有一点是我们非常清楚的，那就是正是有这些历史评判在先，作者公开他自己的出发点和应对方法就变得尤为重要。在这方面，我特别要强调荷马的史诗《伊利亚特》和阿里

---

① 持这种观点的有罗伯托·安德烈奥蒂（Roberto Andreotti）、弗兰兹·哈姆普尔（Franz Hampl）、恩斯特·巴迪安（Ernst Badian）、齐格弗里德·劳夫（Siegfried Lauffer）等。——原注

② 如沃尔夫冈·威尔（Wolfgang Will）、约翰·马克斯韦尔·奥布赖恩（John Maxwell O'Brien）所述。——原注

③ 如皮埃尔·布赖恩特（Pierre Briant）、汉斯－乌尔里希·维默（Hans-Ulrich Wiemer）所述。——原注

安 ① 的历史著作，同时，我也部分地参考了罗宾·莱恩·福克斯（Robin Lane Fox）的最令人兴奋却稍显简略的关于亚历山大大帝的作品。随着这些作品一道，我开始了寻找亚历山大大帝之旅。当人们通过《伊利亚特》走进大帝的内心世界，窥探他的心性，从而能够更加深入地了解大帝的行事动因之时，阿里安则是致力于根本地再现历史——将历史事实中的诸多细节形诸笔墨。以这些作者为基础的阐释起舞于古老的想象视野之中，而不必被现代主义的，因而是不合时宜的看法所拘囿。此外，通过对亚历山大所偏好的某些象征性仪式行为（rituelle/symbolische Akte）进行分析，这些阐释也得到了实质性的证实。

然而，为什么偏偏是比亚历山大大帝早了

① Arrian（86~146），希腊历史学家和罗马时期的哲学家，著有一部描述亚历山大大帝功勋的《亚历山大远征记》（*Anabasis Alexandri*）与描述尼阿库斯跟随亚历山大大帝远征印度的著作《印度记》（*Indica*）。其中，《亚历山大远征记》描写亚历山大大帝东征作战的过程，主要参考史料来自亚历山大身边史官阿里斯托布鲁斯所作记录，以及重要将领、继业者托勒密一世的回忆录，被认为有较高的可信度。

几个世纪诞生的《伊利亚特》和在大帝逝世将近五百年之后才被创作出来的阿里安的《亚历山大远征记》呢？阅读荷马史诗是希腊教育的重中之重，马其顿人也沿用了此种教育方式。它所代表的理念和价值观早已深深地烙印在了希腊人的心性之中——"永争第一，超越旁人"。这种伊利亚特式的英雄主义的理想似乎也作为一种独特的竞争思想的表达，在后期指导了人们的行为。这种竞争的主要内容是地位、荣誉、权力和声望。人们可以从荷马这里学到很多东西，例如个人与集体之间的张力，还有一些规则：关于付出与收获、友谊与敌意、不公与复仇。虽然自荷马时代（公元前 8/ 前 7 世纪）[①] 以来，希腊社会有了进一步的发展，并通过让个人参与城邦（Polis）立法而改变了面貌，但刚刚提到的这些原则基本上是保持不变的。毋宁说，那些在与荷马所描述之处相似的地方生活的人们，也就是亚历山大故乡的马其顿人，更加需要理解并且接受这些原则，它们对在这种

---

① 古希腊诗人荷马生卒年代不明，一般认为在公元前 1200 年至公元前 750 年之间，但学界也存在其他说法。

环境中成长的年轻人产生了相应的影响，这一点是毋庸置疑的。

以亚历山大为对象的历史学传统展现了一个特殊的问题，即事实上，所有被完整保留下来的展现其事迹的作品都很晚才出现：狄奥多罗斯的《历史丛书》第 17 卷的大纲成形于公元前 1 世纪中叶；大概 100 年后，昆图斯·库尔提乌斯·鲁弗斯（Quintus Curtius Rufus）用拉丁语书写的《亚历山大大帝传》（*Historiae Alexandri Magni*）问世；随后在公元 2 世纪的前几十年里，普鲁塔克的亚历山大传记[①]和阿里安的《亚历山大远征记》也都写成了。尽管所有作家都是站在前辈们的肩膀上进行创作的，但我们不得不承认，我们几乎完全遗失了那些诞生于亚历山大生前和他逝世不久后的文献。

[①] Plutarch（约 46~125）是生活于罗马时代的希腊作家，以《比较列传》（常称为《希腊罗马名人传》或《希腊罗马英豪列传》）一书留名后世。现存版本有 46 篇是成对的（一个希腊人物比较一个罗马人物，例如亚历山大大帝比较恺撒），另有 4 篇独立成篇，旨在说明人的性格如何决定命运。除此之外，普鲁塔克也留下大量杂文，后世学者习惯总称其为《道德小品》（*Moralia*）。他的作品在文艺复兴时期大受欢迎，蒙田对他推崇备至，莎士比亚不少剧作都取材于他的记载。

在这大量的文学作品之中包含着非常重要的著作，比如卡利斯提尼（Kallisthenes）的作品，他似乎曾以随军史官的身份参与了亚历山大的波斯战役。还有克来塔卡斯（Kleitarchos），他在对战役参与者进行深入研究之后，撰写了一篇脍炙人口的文章。此外，一些高级军官也讲述过亚历山大的时代，其中的大部分是以回忆录的形式被记载的，例如海军将领尼阿库斯（Nearchos）和亚历山大后来最亲密的战友之一托勒密一世①。

　　我们的历史学传统的另一个缺点是，在这些早期作品中，许多作品从一开始就去突出强调亚历山大大帝的那些前无古人的丰功伟绩与神话般的人物形象，而这也就奠定了人们在描述亚历山大时大多对其歌功颂德的基调。这一传统可以追溯到克来塔卡斯，之后主要由狄奥多罗斯、库尔提乌斯·鲁弗斯和普鲁塔克所继承和发展。而另一派的作者，例如托勒密，

---

①　Ptolemaios（公元前367年~公元前282年），埃及托勒密王朝创建者，亦是马其顿王国亚历山大大帝的继业者之一。

尤其是同样参加了侵略战争的阿里斯托布鲁斯①，却倾向于从更加理智的角度进行叙述。阿里安正是站在这种理智的立场上，在他那个时代的风格中抱守着质朴与清晰，谨慎落笔。虽然我们不能确保在任何情况下，阿里安的叙述都是较旁人更好的，但是，据个案分析中的历史资料考证，与其他传统文献相比，阿里安的可靠性往往更高。最新的个案研究也可以印证这一点：一些学者正在试图重新平衡学术界对亚历山大的叙述方式。当然，我们也需要对阿里安的著作进行一些修正，主要是以不同的角度并借鉴其他来源的信息对之进行一定的补充。

---

① Aristobulos（公元前 375 年~公元前 301 年），希腊历史学家，继业者时代时定居于卡山德里亚（Cassandreia），早年跟随亚历山大大帝东征，担任建筑师和军事工程师，并与亚历山大结为好友，获得王族的信任。公元前 300 年前后，阿里斯托布鲁斯写了一部关于亚历山大统治时期以及其远征的著作，内容包含地理和民族知识。他的史料被后来的阿里安和普鲁塔克作为参考来源和写作素材。

第二章 青年亚历山大

公元前 356 年 7 月 20 日前后，亚历山大在佩拉宫 ① 降生。他的父亲是马其顿国王腓力二世，母亲奥林匹娅斯（Olympias）是希腊伊庇鲁斯地区（Epirus）摩罗西亚（Molosser）的王室成员。那时，腓力二世整顿马其顿部落的事业已经如火如荼，他一心想要利用权力和武力来维护自己在内部和外部的统治。

马其顿部落主要因其语言而被视作古希

---

① 阿吉德王朝的阿奇拉一世（Arkhelaos，公元前 413 年～公元前 399 年在位）建立佩拉（Pella）作为马其顿王国新都。之后，佩拉成为腓力二世及他的儿子亚历山大大帝的活动中心。公元前 168 年，佩拉遭罗马人洗劫。其后，该城市在一场地震中被摧毁，又在一片颓垣败瓦中重建。

腊文明的一部分，自古以来，他们就居住在奥林匹斯山以北的皮埃里亚地区（Pierien）的肥沃丘陵中。在那里坐落着他们的旧都艾加伊城（Aigai）①，并且埋葬着很多部落首领。这些人被冠以希腊语称谓"巴赛勒斯（Basileus）"②，却并不一定拥有很高的身份地位，因为只有满足下述两种条件的人才能获得这个称谓：第一，他们必须来自王室，即阿吉德王朝（Argeaden），这个王朝自称是神话中的英雄和半神——宙斯的儿子赫拉克勒斯的后裔；第二，他们必须拥有能够统治部落的真才实学，也就是说，他们必须是勇敢的战士、优秀的将领，必须是有权力意识和荣誉感的政治家，必须是精明的猎人和善饮酒的人。最重要的是，他们必须尊重部落的重要贵族和勇士，因为若缺少了这些人的

---

① 古代马其顿王国都城。公元前336年，腓力二世就在此城的剧院被暗杀，而后亚历山大被宣布为国王。遗址于1976年被发现，考古挖掘发现了包括腓力二世在内的多位马其顿国王的墓地。

② 一个希腊头衔，表示历史上各种类型的君主。在英语世界中，人们最广泛地将其理解为"国王"或"皇帝"。该头衔被古希腊的主权者、拜占庭皇帝以及现代希腊的国王使用。其女性形式是basileia，意思是"女王"或"女皇"。

支持，他们的地位将岌岌可危。在这里不存在明确的王位继承制度，兄弟和其他男性亲属之间可以结成同盟，以对抗其他潜在的王位继承者。另外，在统治阶级中普遍实施一夫多妻制，这一事实也加剧了上述情况。通常，统治阶级利用缔结婚姻来获得利益和巩固政治与外交关系。这就是为什么国王可以同时和几个女人结婚。因此，那时统治阶级的圈子是庞大而复杂的。

与希腊城邦的政体化世界不同，希腊北部的边疆保留了原始的社会组织形式。这里的生活方式也截然不同：除了肥沃的农田外，还有富饶、利于灌溉的土地可以饲养牛和马。物产丰富的森林为狩猎提供了完美的机会，人们甚至可以猎到野猪和狼这样的野兽。因此，狩猎被马其顿人视为对勇气的考验，也是获得名望和荣耀的机会。人们也会适时组织一些狩猎活动。另外，与邻邦的战争也尤为重要。那里的人有着同样原始、野性的生活方式，双方之间战争不断。那些还没有在狩猎中杀死过野猪的人，或是还未在战争中杀死过敌人的人，不会被看作一个真正的男人。与希腊人一样，马其顿人最重要的社交形式也是男性的聚众狂欢，但不像希腊那样有着严格的仪式。[①] 因为对葡萄酒不经混合地享用，马其顿人会从微醺一直畅饮到酩酊大醉，也正是在这一点上，希腊人将其视为未开化的。[②]

在这种好战的环境中，阿吉德王朝表现了极大的韧性。在国王的带领下，马其顿人向北扩张到了当时最北端的塞尔迈湾（Thermaischer Golf）与山脉之间的边界地带，并逐渐越过阿克西奥斯河（Axios）[③]向东挺进。同时，他们将那些生存在高地西部甚至更北边的部落［埃利米奥特人（Elimioten）、奥雷斯滕人（Oresten）、林克斯特人（Lynkesten）、廷普海尔人（Tymphaier）和佩拉戈尼耶人（Pelagonier）］

[①] 即会饮（Symposion），希腊语为 συμπόσιον，直译为"共同的、用于交际的饮酒"，是古希腊社会普遍流行的一种习俗，人们在宴会上祭祀、歌颂诸神、饮酒和高谈阔论。古希腊哲学家柏拉图和色诺芬都写过以"会饮"为名的作品。

[②] 希腊人饮用葡萄酒时会向酒中兑水，水和葡萄酒的比例通常为 2∶1、5∶2、3∶1等。他们认为不兑水的葡萄酒是用来敬奉神灵的。

[③] 即瓦尔达尔河（Vardar）。

联合在一起，即使这些部落有着自己的王朝。这样一来，马其顿的下部（在塞尔迈湾周围）和上部（山区）之间的区分便逐渐显现。自公元前 6 世纪末以来，阿吉德王朝的国王便一直试图在这个范围内建立和维护一个庞大的王国。

然而，这项政策并未促成一个真正稳定的局面，在通往巨大成功的道路背后潜藏着无数的阻碍，甚至是严重的损失：仅仅是阿吉德王朝内部随时可能爆发的在王权问题上的冲突就足以产生灾难性的后果。其他部落、王朝中的酋长或国王绝对不会完全屈服于阿吉德王朝，毕竟他们也有着自己的神话起源和传统。除此之外，来自外部的压力也不容小觑。在西北和北部聚居着伊利里亚部落（Illyrer），还有在北部和东北聚居的色雷斯人部落（Thrakien），他们与马其顿人一样好战，并且在语言和习俗上与他们截然不同。正是这个原因让这里的人们几乎一直处于战争状态，但这种状态同时也塑造并维持了他们凶猛好斗的生活方式，毕竟在这里适用的生存法则是：优胜劣汰，适者生存。此外，阿吉德王朝的南部地区也面临着来自希腊城市的压力：自公元前 7 世纪殖民统治以来，希腊人就定居在最好的沿海地区，他们不仅在自己的领土上耕种了肥沃的土地，而且还控制了主要在海上进行的贸易和交通［彼得那（Pydna）、迈索尼（Methone）、哈尔基季基（Chalkidike）］。虽然与马其顿地区之间拥有互惠互利的前景（例如马其顿山区的木材贸易），但自公元前 5 世纪以来，尤其是随着雅典的逐步扩张，马其顿承受的来自希腊诸城的压力越来越大，在此之下，马其顿很容易成为博弈中的玩物。

这一点在公元前 4 世纪的前几十年中已经表现得尤为明显，腓力二世（生于公元前 383/382 年）对此更是有着亲身经历：如果说，尽管背负着巨大的压力，腓力二世的父亲阿明塔斯三世 ① 在位期间也还算是拼尽全力，在一

---

① Amyntas III，公元前 394 年 ~ 公元前 370/369 年在位。公元前 383 年，他被伊利里亚人驱赶，但次年在色萨利人（Thessaler）的帮助下重夺王国。阿明塔斯与斯巴达人达成协议，斯巴达人在公元前 379 年协助他攻陷奥林索斯（Olynthus，或写作 Olynth）。他又加入了色萨利国王伊阿宋的同盟，并积极地与雅典建立友谊。

定程度上保住了阿吉德王朝的王国地位，那么他的长子和继任者亚历山大二世（Alexander II，公元前 370/369 年~公元前 369/368 年在位）则很快就落入了希腊维奥蒂亚的底比斯（Theben in Boiotien）的控制之中。亚历山大二世在马其顿内部的王位之争中遇刺后，这种情况愈演愈烈。当时，他最小的弟弟腓力二世甚至不得不被劫持到底比斯沦为人质数年。阿明塔斯三世次子，亚历山大二世的弟弟佩尔狄卡斯三世（Perdikkas III）在位时，他们再度清楚感受到雅典在爱琴海北部的统治地位。然而，更令人担忧的是来自伊利里亚部落的进攻威胁，在公元前 359 年春天的一场战争中，佩尔狄卡斯三世本人和大约 4000 名勇士牺牲。在这种灾难性的局势下，在马其顿历史上的最低谷，摄政王腓力二世夺权，从自己的侄子阿明塔斯四世（Amyntas IV）手中接过了统治权。

腓力二世很好地借鉴了马其顿王朝的历史经验：为了人民的未来，事实上他只有两条路可走，即通过对外的侵略扩张成为绝对的霸主统治他人，或是被他人所统治。单纯的独立是不存在的，为了实现自由和独立，他必须学会运用强权铁腕去恐吓敌人，最好能够使他们不敢轻举妄动。虽然在今天看来，我们会觉得这更像是一种黑手党心态，根本不值得夸耀和尊敬。

不管怎么说，我们可以从各种细节中看出，腓力二世的统治政策将这种霸权的心态展露得淋漓尽致。他的宏愿显而易见：无论如何也要尽可能地去阻止他年幼时目睹的历史再次上演。对于一个内部已经彻底整顿过的，政治和军事上也已经得到巩固、加强的马其顿来说，是时候进行对外扩张了。同时，外交政策的成功也改善了王朝内部的局面，为一种稳定的关系提供了可能，两者相辅相成、密不可分。腓力二世沿袭了之前几位国王的治国策略与政治制度，尤其参考了阿奇拉一世的做法①。除此之

---

① 阿奇拉一世以改革国家行政、军队、商贸著称，对外化解了雅典人在过去半个世纪以来对马其顿构成的威胁，对内进行了一系列改革，包括发行大量优质硬币，建造要塞，修直道，改进军队组织（特别是骑兵和重甲步兵）等。注重与希腊地区进行艺术和文化交流，在佩拉新宫聚集了许多诗人、悲剧作家、音乐家和画家，此外还重新举办了奥运会。

外，他还有出色的军事才能，但更重要的是他的政治手段。这一切都凭借狂热的决心而疯狂滋长。

和阿奇拉一世一样，腓力二世也在努力尝试革新他的王国。首先，马其顿接受了希腊人的生活方式，并借鉴了其中的重要特征：在建立城市时，每个城市都配有一块特殊领土（例如腓立比 ①），在那里人民可以得到补给。马其顿人，尤其是精英阶层，开始渐渐对希腊的语言、生活方式和教育方式变得熟悉。可增长的经济资源（如木材、贵金属）也已得到了最大程度的开发。所有这些措施都旨在巩固权力的基础。但最重要的还是国王对军队的改革。传统上，骑兵（kavallerie）在马其顿的军事布局中就扮演着重要的角色。正是在骑兵马术格

---

① Philippi，由腓力二世建立，建造该市的目的不仅在于控制附近潘盖翁山的金矿（该金矿在之后的众多军事行动中为腓力二世提供了巨大的资金支持），还在于在战略口岸上建立驻军，控制安菲波利斯（Amphipolis）和奈阿波利斯（Neapolis）之间的道路——这条道路自东向西横穿马其顿王家大路。腓力二世在腓立比建有重要的防御工事，即阻断沼泽与阿比罗斯山脉（Orbelos）之间的通道，并将殖民者送往那里。

斗中，马其顿贵族尚武的风气达到了顶峰。在这样的背景之下，马其顿的贵族作为伙友骑兵（Hetairoi）①与国王互为朋友和同伴，并以此获得自己的声望。同样参考了阿奇拉一世，腓力二世也重整了步兵，提升了伙友步兵（Pezhetairoi）的地位，将他们列位于骑兵之后。这支装备精良的强力武装部队配备了非常长（约5米）的萨利森长矛（Sarissen），而且他们经受着最严格的训练，在严明的纪律下执行军事任务。因为配备着长矛，所以他们难以在战斗中快速灵活地行动，因此这支队伍通常被用于在防守中实施重要的封堵。当然，他们也可以配备一些较短的矛，以另一种阵型出战。

---

① 又译"伙伴骑兵"或"马其顿禁卫骑兵"，是马其顿军队中的精锐骑兵，源于马其顿王国的国王骑兵卫队，这些成员可能是马其顿贵族或是拥有希腊血统的人，他们与国王有深厚交情并深受信任。在腓力二世的扩充改良下，伙友骑兵成为马其顿军最重要的突击主力，他们骑着马其顿最好的马，并使用最好的武器作战，在古代西方世界可以说是最精锐的骑兵，也被认为是第一支能够发起有效冲锋的骑兵。马其顿伙友节（Hetairideia）就是彰显国王和伙友之间的神圣关系的节日，由双方一同庆祝。著名的雅典悲剧作家欧里庇得斯就是马其顿国王阿奇拉一世的一个伙友。在马其顿贵族中，王室好友（Philoi）或国王伙友（basilikoi hetairoi）即是国王授予的终身头衔。

此外还有持盾卫队（Hypaspisten），他们的装备类似于希腊的重装步兵（Hopliten），但装备了相对更大的希腊式圆盾（Aspis）和矛，主要作为机动部队被投入使用。

以上这些军事部署可能是沿袭了历代的传统，但是其中有两项重大的革新应该是腓力二世作出的。一方面，他不仅从名义上提高了步兵的军衔，而且通过给他们提供土地（例如新建立的城市），让步兵能过上与他们的军衔相称的生活：他们不必躬耕土地，而是像贵族一样可以直接使用它。更准确地说，这意味着他们可以像一支常备军一样长期进行训练和部署。这样一来，军事活动也相应提高了军队的作战效率，通过大规模的攻城略地，部队的规模越发壮大。另一方面，在实际作战中，各个兵种相互之间建立起了联系，也就是所谓的"兵种联合作战"。此外，通常还有其他兵种，他们大多是雇佣军或盟友，如弓箭手、投矛兵、攻城兵和攻城武器制造兵。只有像这样将各个部队联系起来，启用不同的武器装备和作战方式才有意义，也只有这样，军队才能具备足够的灵活性，才能与伊利里亚山地的部落、色雷斯部落以及希腊重装步兵作战，甚至是武力攻城。

此外，提高不同地区和部落分支间的凝聚力也尤为重要。面对这种情况，腓力二世效仿了波斯人的做法，进一步加强了伙友贵族的效忠原则：来自马其顿王国各地的首领家族的儿子，无论是来自下马其顿还是上马其顿，在 14 岁左右都要开始成为国王伴侍（paides basilikoi/Königspagen），为国王本人服务几年。在这期间，他们的智力、政治手段和军事能力都通过学习而得到了提升，尤其是在可塑性极强的青年时期，他们直接听命于国王，并因此与国王有着非同寻常的联系。属于或曾经属于国王的伴侍团被看作一种特殊的荣誉。总而言之，在由阿奇拉一世建立的都城佩拉，腓力二世缔造了一个辉煌的宫廷。在这里，高贵的马其顿人与国王的社交生活彼此交融，人与人之间的关系得到了加强。同样也是因为在每次的战役中，各部落分支的贵族都会按照等级秩序加入指挥部队或伙友骑兵的队伍，这也促进了归属感的产生。腓力二世的统治变得越来越稳定。虽然他的兄弟的儿子还活着，但毫无疑问，他才是当之无愧的真正的国王。贵族中的一些人会在政务与军务中毫无间隙地同国王共同理事，国王对他们施以全然的信任。例如其中的安提帕特（Antipatros）与帕曼纽（Parmenion），他们二人比腓力二世年长，亦是亚历山大统治马其顿王国时期的股肱之臣。

在巩固王国的内部统治的过程中，对王位继承者的教育也是至关重要的一环。如我们在前文中提到的，腓力二世也遵循了一夫多妻制，同时娶了不同的女人为妻，这样的政治联姻为联盟间所缔结的和平条约又加上了一道额外的保险。亚历山大的母亲奥林匹娅斯是腓力二世的第四任妻子。二人于公元前357/356年的冬天结婚，旨在促进马其顿国王与西部邻国伊庇鲁斯的统治家族的关系。这个家族的家谱可以追溯到《伊利亚特》或特洛伊战争中最伟大的英雄阿喀琉斯（Achilleus）。在腓力二世的所有政治联姻中，所有女人的地位本质上是相同的，并没有哪一桩联姻从一开始便被视为占主导地位。女人的地位取决于她们能够带来多大的政治利益，还取决于她们能否为国王生育王位的继承人。

尽管腓力二世前后有七次联姻，但他一共只有两个儿子，除了亚历山大之外，还有一个儿子叫阿里达乌斯①。阿里达乌斯的母亲菲莉涅（Philinna）是一个来自色萨利（Thessalien）首府拉里萨（Larisa）的希腊女人。然而，由于精神上的缺陷，阿里达乌斯无法在军事领域与政治事务中达到成为马其顿国王的要求。因此，亚历山大成了被选中的孩子，至少在一开始是这样的。腓力二世在各个方面锻炼他，为他日后的统治生涯作准备。亚历山大和其他来自马

①　Arrhidaios，即腓力三世（约公元前 359 年～公元前 317 年），是国王腓力二世与菲莉涅（据说是色萨利的一个舞者）所生的儿子。阿里达乌斯明显有智力障碍。根据普鲁塔克的记载，奥林匹娅斯王后蓄谋下毒，导致他智力受损并患有癫痫。据说奥林匹娅斯是要除掉她儿子亚历山大的潜在竞争者，但这可能只是恶意的传闻，因为并无证据显示奥林匹娅斯与阿里达乌斯的病况有关。亚历山大非常喜欢阿里达乌斯，经常和他一起行动，这既是为了保护他，也是为了避免他成为政治人质而威胁到自己的王位。亚历山大大帝死于巴比伦后，阿里达乌斯被立为傀儡国王（公元前 323 年～公元前 317 年在位），改名为腓力。

其顿显赫家庭的同龄男孩一起，接受了几乎完美的教育。这其中自然包括军事训练，但更重要的是体育运动和狩猎。孩子们接受密集的实践性训练，同时，在训练中，这两项活动通常被结合在一起。这些内容对于希腊式教育而言并不陌生，然而真正的希腊式教育更重视的是对精神的培养与教育。依照惯例，对荷马史诗的精读与背诵是非常重要的。

荷马史诗在亚历山大的生命中打下了深深的烙印。在这个由荷马创造出来的世界中，亚历山大将荷马那些价值观以特殊的方式内化成了自己的："永争第一，超越旁人"这种英勇的理念如同荣誉与复仇、友谊与敌意间严格的规则一般（正如阿喀琉斯与帕特洛克罗斯之间的深厚感情，以及阿喀琉斯与赫克托耳之间的仇恨），在希腊世界中始终具有特殊的含义。更进一步说，这些荷马史诗中所倡导的精神会使亚历山大英勇好战的现实生活越来越接近伊利亚特式的英雄主义，并且亚历山大不仅通过父系和母系血统将自己与神话中最伟大的英雄赫拉克勒斯，且特别是与阿喀琉斯联系在一起，还与作为伙友的年轻男子产生了亲密的关系，并一直持续到他的死亡。亚历山大与自己的伙友一起接受训练，其中，与亚历山大关系最为密切，甚至可以称得上亲密的人是赫费斯提翁（Hephaistion）。如果说像亚历山大的希腊老师那样，我们将亚历山大称为阿喀琉斯，那么赫费斯提翁就是帕特洛克罗斯。

在亚历山大14岁时，这种教育得到了进一步强化，就像国王伴侍从14岁起要接受教育和训练一样：在旧都艾加伊城以西的米埃札（Mieza）附近的水神庙（Nymphaeum）里，亚历山大与他的伙友一起，向亚里士多德学习了大约三年的时间。亚里士多德的父亲作为御医已经和马其顿王室有了密切的联系。当时，他本人已经是希腊比较受人尊敬的智者了。这位伟大的思想家和英勇的年轻人之间的关系极大地激发了后人的联想。自古希腊时期以来，人们始终都在探寻这种关系间的张力。以下这种观点并不罕见：亚历山大作为一个强大的统治者，有能力实现老师的想法，当然也有能力违背它。如果考虑到亚历山大还是学生时的年龄和他那时所受到的高等教育内容，人们就会更加清醒地看待二者间的师生关系。毋庸置疑的是，王子亚历山大在希腊文学方面受到了很好的教导。在学习过程中，亚历山大尤其加深了对《伊利亚特》的理解，他甚至想要在精神上将自己的生活与伊利亚特式的生活融合在一起：远征时，他将一本带有亚里士多德注解的《伊利亚特》时刻带在身边，并称其为"英勇无畏者的精神食粮"。他将这本书和一把短剑放在一个盒子里，放在自己的枕头底下。

当然，亚历山大也阅读了其他作家的著作，例如三位古希腊悲剧诗人埃斯库罗斯（Aischylos）、索福克勒斯（Sophokles）和欧里庇得斯（Euripides）的作品，或"历史学之父"希罗多德（Herodot）的作品。后者在著作中详细记述了公元前490年和公元前480/479年的希波战争中的两场重要战役①，并将其置于古希腊人和野蛮人之间的一系列传统战争与冲突之

---

① 即公元前490年的马拉松战役与公元前480年的温泉关战役。

中。亚历山大还特别喜欢品达 ①，这位来自维奥蒂亚的抒情诗人曾歌颂古希腊贵族与君主的竞技精神与荣耀。此外，一定是因为受到了亚里士多德的影响和指导，亚历山大亦潜心于地理学，因为在远征亚洲的战役中，除了军事事务，他对远方那些有人居住的地区也表现了浓厚兴趣。当然还有道德伦理上的劝告和建议。哲学家一定会鼓励他的学生追求"卓越（arete）"，甚至连神话中的伟大的英雄都将此视为自己追求的目标。在留存下来的亚里士多德的一首诗中，神话英雄对真正的卓越的这种追求被称为"渴望（pothos/Sehnsucht）"。我们将在后文中以亚历山大的视角——尤其通过解释他如何设立自己的目标——来对这个概念进行更进一步

① Pindar（约公元前 518 年~公元前 438 年），古希腊抒情诗人，被后世学者誉为九大抒情诗人之首。品达诗里有泛希腊爱国热情和道德教诲，歌颂奥林匹克运动会及其他泛希腊运动会上的竞技胜利者和他们的城邦，歌颂希腊人在萨拉米斯战役中获得胜利，认为人死后的归宿取决于他们在世时的行为。品达的诗风格庄重，辞藻华丽，形式完美，所传达的思想反映了古风时期希腊人的信仰与价值观。对古风时期的希腊人来说，生命是艰难而短暂的，时刻都可能受到外界毁灭性的打击；然而他们却坚信在神的眷顾下，人同样可以达成伟大的功绩。

的解释。与这种对于成就的渴望相比，其他的一切就都没那么重要了。亚里士多德的诗中列举了赫拉克勒斯、卡斯托耳和波鲁克斯（Kastor und Pollux）①、阿喀琉斯与大埃阿斯（Aias）②的例子。我们有理由相信，亚里士多德希望自己的学生拥有这样的品德。

除了精神上的教育之外，对于身体素质的教育也没有被忽视。和其他人一样，在实践政治与军事任务的过程中，通过向父亲和父亲的同僚请教，亚历山大学到了在执行具体任务时所需要的技巧。如此，很快地，在完成了米埃

---

① 在希腊和罗马神话中，卡斯托耳和波鲁克斯是斯巴达王后丽达所生的一对孪生兄弟，常被合称为狄奥斯库洛伊兄弟。哥哥波鲁克斯的父亲是宙斯，拥有永恒的生命，弟弟卡斯托耳的父亲是斯巴达国王廷达柔斯，是一个凡人。兄弟俩都是优秀的猎人和驯马师。传闻双子座即是以二人命名。

② 大埃阿斯，希腊神话人物，特洛伊战争中希腊军的英雄之一。《伊利亚特》中记述，在阿喀琉斯因愤怒而休战时，大埃阿斯出战与赫克托耳决斗。两人互掷标枪，大埃阿斯使用的是包有七层牛皮的青铜盾牌，结果赫克托耳的长矛刺破其中六层，而大埃阿斯的长矛则穿透了赫克托耳的盾牌。两人缠斗到日落，最后握手言和并交换随身物品以示友好。阿喀琉斯死后，大埃阿斯成为希腊军中最强的英雄，但头脑不及奥德修斯，因此在争夺阿喀琉斯甲胄的继承权中落败。大埃阿斯在愤怒中发狂，最终拔剑自杀。

札的学业之后，16 岁的他就被委派了一项非常重要的任务。当他的父亲腓力二世远征拜占庭，与后者在马尔马拉海（Marmarameer）作战时，亚历山大接受了统治马其顿的任务。他与来自波斯的使节谈判，甚至对色雷斯部落进行了一次战略打击。① 从那时起，亚历山大就成了父亲最重要的帮手之一。

在童年和青年时期，亚历山大见证了马其顿王国惊人的崛起，从一开始的其他国家或其他城邦的玩物，到现在在巴尔干半岛南部地区拥有绝对霸权。如我们之前所提到的，腓力二世的政治手段从一开始就是向外扩张。他将对王国内部的整顿视为对外扩张的前提，在某种意义上，对外扩张也是王国整顿的一部分。面对伊利里亚人和色雷斯人，甚至在面对多瑙河上的斯基泰部落（Skythen）时，腓力二世始终表现着强硬的姿态与强劲的实力。尤其是在

① 在腓力二世不在国内期间，色雷斯的部族密底人（Maedi）趁机造反，亚历山大反应相当迅速，把他们从他们的领地驱逐出去并在当地建立殖民城市，引入一些希腊人作为居民，并以自己的名字将其命名为亚历山德鲁波利斯（Alexandropolis）。

马其顿王国以东地区，腓力二世直接建立了自己的统治区域。在这里，他不仅将潘盖翁山脉（Pangaion-Gebirge）丰富的贵金属矿藏纳入自己的控制范围，还占有了肥沃的土地，为自己的士兵提供补给。正是在这里，他很早就与希腊的城市发生了冲突，并随后逐渐征服了这些城市。其中，安菲波利斯（Amphipolis）于公元前357年，波提狄亚（Poteidaia）于公元前356年，奥林索斯（Olynth）于公元前348年被攻占。

在逐步扩张的过程中，腓力二世渐渐渗透进了希腊强国——尤其是雅典——的利益领域。然而，腓力二世对此并不太关心。相对于利益，他更关心马其顿在面对希腊诸城时，是否在他的直接管辖区内拥有一个强有力的前沿阵地。如果可以，那么沿着这个方向，他将有望逐渐掌握希腊内部乃至整个希腊的统治权。一开始，腓力二世的注意力主要集中在南部与马其顿接壤的色萨利地区，在那里聚居的色萨利人有着与马其顿人相同的贵族传统与骑士精神。腓力二世利用色萨利的内部斗争，帮助色萨利人与希腊第二大城邦底比斯相对抗，最终在艰难的胜利中获得了在色萨利同盟中的主导地位：① 公元前352年，他被色萨利同盟推举为终身执政官（Archon），并于公元前344年在色萨利人的城市中建立了他自己的政权。

希腊的政治形势对腓力二世的扩张非常有利。在连续不断的争夺霸权的战乱中，各城邦已经精疲力竭，却并没有放弃自己的主张和抗争的意志。在公元前371年的留克特拉战役（Schlacht bei Leuktra）中大败斯巴达后，底比

---

① 底比斯人控制了当时近邻同盟会议（一个泛希腊的宗教组织，管理古希腊宗教中最重要的圣地德尔斐的阿波罗神庙）的大部分投票席次，并在公元前357年煽动同盟作出决议，要求福基斯（以耕种圣地为由）和斯巴达（以先前占领底比斯25年为由）上缴金额巨大且不合常理的罚金，意图以其拒交罚金为由发动神圣战争。公元前356或前354年冬季，以底比斯人为首的近邻同盟正式向福基斯发动神圣战争。这场神圣战争的爆发导致了色萨利的新一波内部斗争。公元前354或前353年，色萨利拉里萨的贵族向马其顿国王腓力二世请求，希望马其顿能帮助他们对抗费莱人。腓力因此率军进入色萨利地区，经过为期一年的艰难混战，公元前353或前352年夏季，腓力二世在马其顿聚集了一支新的大军，再度进军色萨利，并最终获得了决定性的胜利。

斯的伊巴密浓达①借着这场胜仗重整了希腊的政治版图，由此，雅典人和底比斯人仍然是"权力宝座"的最大竞争者。然而，在其附近的希腊中西部地区、伯罗奔尼撒半岛和爱琴海的西部地区，各中、小城邦之间也存在着各种骚乱，大城邦随时都有可能被卷入其中。此外，当希腊人发现北方的力量关系已经被完全扭转的事实时，一切为时已晚。

腓力二世却看清了局势。他利用这种情况步步为营，在希腊政权中逐渐谋得了重要的地

---

① Epameinondas（公元前 418 年～公元前 362 年），古希腊城邦底比斯的将军与政治家，领导底比斯脱离斯巴达的控制并跃升为一等强国，并解放了受到斯巴达奴役的迈锡尼（Mykene）的黑劳士（Heloten）与其他在伯罗奔尼撒半岛居住并受到斯巴达奴役逾二百年的人民。伊巴密浓达使旧的同盟解体，创立新的同盟，监督各城邦的建设。尽管古罗马政治家西塞罗称其为希腊第一人，但可惜的是，他为希腊创造的新政治秩序并不稳固，底比斯的霸权与其创立的同盟也并不持久。在他死后 27 年，底比斯便被亚历山大大帝消灭。由此，伊巴密浓达虽然在其时代被认为是一位理想主义者与解放者，但在今天，人们大多只记得其十年战事（公元前 371 年～公元前 362 年）大大地削弱了希腊的元气，使希腊在其后无法抵抗马其顿的进攻并被其征服。

位，特别是通过德尔斐①的那场至关重要的圣地（Heiligtum）冲突（当时腓力二世作为德尔斐的庇护人对该战争进行了干预），他在希腊中部地区获得了极高的影响力，并在公元前346年开始试图孤立雅典人。政治家德摩斯梯尼（Demosthenes）是最早认识到来自腓力二世的威胁的人之一。多亏了他的不懈努力，雅典人开始警惕起来，其他希腊国家也意识到了来自北方的危险。最终，公元前340年，马其顿人和雅典人之间的战争爆发之际，德摩斯梯尼召集了一个中等规模的反马其顿同盟。与大约150年前所有希腊人共同反抗波斯帝国的斗争相类比，德摩斯梯尼将当下与"野蛮的"马其顿王国的战争看作一场对马其顿的解放战争。这是一种非常特殊的泛希腊主义

---

① Delphi，位于福基斯，是一处重要的"泛希腊圣地"，即所有古希腊城邦共同的圣地，主要供奉着"德尔斐的阿波罗"，著名的德尔斐神谕就是在这里颁布的。"泛希腊圣地"是一个外在于城邦政治的复杂构造，在宗教意义上为所有希腊人提供自我认识的唯一途径，据说阿波罗神庙的入口处刻着三句箴言："认识你自己"、"凡事不过分"和"妄立誓则祸近"。

（Panhellenismus）①，而且它起到了一定的作用。公元前339年末，在腓力二世入侵希腊中部地区之后，底比斯也感受到了来自马其顿的威胁。德摩斯梯尼将他之前召集的那一小撮反马其顿同盟的参与者加进了由他和雅典人发起的希腊联盟（Hellenischer Bund）。现在，所有的希腊人终于都团结在了一起，共同对抗马其顿人。是时候了，这决定性的一战。在许多希腊人，特别是雅典人和底比斯人看来，这是一场为了自由的斗争。

公元前338年8月2日，在维奥蒂亚西部的喀罗尼亚（Chaironeia）平原上，一支已被操练过的马其顿军队与希腊特遣队相遇。其中，由来自雅典和底比斯的重装步兵——特别是底比斯的300人精锐部队"底比斯圣队

---

① 该词由"全部（Pan）"和"希腊（Hellas）"组成，指整个希腊的统一。"希腊"一词强调各个城邦的文化共同性：所有希腊城邦的公民讲共同的语言，崇拜共同的神，并且有共同的习俗（例如城邦设有自治政府，人们在训练场中运动等）。人们以此与其他民族相区别，并将其他民族称为"野蛮人"。

（Heilige Schar）"①——组成的军队，正经算得上是斗志轩昂的对手了。从兵力来看，双方都有差不多 3 万人，可以说是势均力敌。这次野地作战是马其顿所谓联合兵种作战的最初舞台，这种新型的作战方式也证明了自己的价值：当步兵拖住敌人的时候，骑兵在伙友骑兵的带领下向敌人兵力最强的地方发起进攻。这基本上效仿了伊巴密浓达在留克特拉战役中用来击败斯巴达人的斜线阵战术（schiefe

---

① 底比斯圣队最初是从底比斯的军队中选出，安排在军队的前列作冲锋之用。公元前 379 年，拥有声望的同性恋将军伊巴密浓达为了充分发挥这支部队的战斗能力，将其从原来与普通士兵的混编中独立出来，重新编制成一支战斗力强悍的特种部队。底比斯圣队共 300 人，由 150 对"古希腊少年爱"伴侣组成。古希腊少年爱是古希腊时代被当时社会所公开承认的一种社会关系，通常是由一名成年男性和一名青少年组成。这种关系存在于古希腊古风时代和古典希腊时代。一些学者主张与这种关系有关的仪式起源于克里特岛，该仪式被认为是进入古希腊军事生活和宙斯宗教的入门仪式。在柏拉图的《会饮篇》中，斐德若以底比斯圣队为例赞美了古希腊少年爱，因为爱欲让人重视光荣与羞耻，任何一方都不愿意在另一半面前表现胆怯的一面或是陷入失败，所以由爱者和被爱者组成的军队是强大的。

Schlachtordnung）①。像这样，马其顿左翼的骑兵向底比斯圣队发起进攻。尽管底比斯圣队重创了马其顿军队，但最终还是被马其顿歼灭，秉持着战士精神而战死疆场。这直接导致了马其顿在这场战役的胜利。亚历山大也因此获得了巨大的声誉，因为年仅18岁的他，已经指挥过骑兵作战了。

通过这场胜利，腓力二世赢得了前无古人的声望，无论是波斯还是整个希腊，皆无人能望其项背。他拥有了对希腊的绝对统治权。但毫无疑

① 又名梯形阵，最早被古希腊底比斯的名将伊巴密浓达运用于留克特拉战役，当时针对希腊重步兵方阵一线平推、平均分布兵力的特点，无法在不将列数减少的情况下排出与斯巴达军相同长度的阵形，伊巴密浓达故而集中兵力于一翼，改为将左翼的列数增多，由传统的8~12列改为50列，力求获得突破。但是有强就有弱，如果自己加强的一侧获得胜利，而削弱的一侧被对方突破，仍然是没有意义的。所以为了保护自己受到削弱的一翼，就把它向后回缩并延迟战斗，尽量拖延它与敌人接触的时间，其加强了的左翼则以双倍速度冲向斯巴达军，希望能够取得决定性的突破。就在这一战，他用此战阵击败了斯巴达精锐部队。后来普鲁士的腓特烈大帝发现从瑞典国王古斯塔夫开始，欧洲军队为了充分发扬火力，采取横形阵，威力固然大大提高，但是也存在分散使用兵力的弊病，于是"重新发明"了伊巴密浓达的斜线阵形，将它运用于现代，并在索尔战役及罗斯巴赫会战中取得辉煌成果，令各国纷纷模仿。

问，他现在必须通过政治手段使自己在希腊的政界亦赢得声望，因为在很大程度上，他仅仅被视为一个压迫者和征服者。首先，他通过缔结双边保护和防卫联盟（Symmachien），正式将包括主要对手在内的希腊各城邦联合在一起。他还推动了某些城邦的内部变革（特别是在底比斯），并以与他有裙带关系的政治家为首建立了寡头政治。然而，最重要的是，他试图利用泛希腊主义的理念，把整个希腊纳入马其顿王国的统治，也让希腊人从内部渐渐习惯马其顿的统治地位。要想做到这一点，他必须让希腊人看到他为希腊作出的贡献，并且要让希腊人切实感受到，在马其顿的统治之下，他们的生活质量确实得到了提升。为此，腓力二世使用了希腊人在公元前 4 世纪面对众多的霸权战争时发展起来的"普遍和平（Koine Eirene/Allgemeiner Frieden）"概念。简单地说，就是所有希腊人都宣誓并承诺履行已经缔结的和平条约中所包含的义务。当有人违反了和平条约的时候，无论他是和平同盟的内部盟友，还是来自其他国家和地区，同盟内的所有人都会联合起来对抗他。因此，这种和平本身就意味着一种联盟，它在大家的和平受到威胁时生效。

公元前 338 年的秋天，在腓力二世的推动下，希腊人就缔结了这样一个组织性的和平条约。同时，存在一个负责对重要问题作出决定的机构，当然特别是针对战争借口（casus belli）的问题作出决定。这个机构就是同盟委员会（Synhedrion/Bundesrat），希腊各个城邦都按照一定的比例选派代表加入该委员会。这个比例根据每个城邦在战争中所部署的军队数量来决定。然而，马其顿人并不参与其中。只有在发生战乱，即和平受到威胁的关键时刻，马其顿的国王腓力二世或他的继任者才会作为军事统帅和绝对的霸主出面进行干涉。因此，腓力二世似乎仅仅是以和平缔造者和维护者的身份出现，而希腊人或他们各自的代表在同盟委员会中拥有真正的发言权。然而实际上，这个以条约缔结地科林斯（Korinth）命名的普遍和平，这个所谓的科林斯同盟（Korinthischer Bund），最终正式确立了马其顿人在希腊的统治地位。

由于马其顿国王的权力只有在发生战争时

才会生效，所以这个所谓的和平联盟从逻辑上看其实就是为了战争而设立的。事实上，腓力二世从一开始就是这样打算的，我们从他决定签署盟约的地点就可以看出这一点：在公元前481年的科林斯地峡上，由波斯王薛西斯一世（Xerxes）亲自率领的波斯大军即将发动进攻，面对这种情况，希腊人为了内部的和平、为了自由而联合起来，发誓为对抗波斯而献身。波斯人是普遍和平的唯一反对者。虽然当时的斯巴达也没有加入，而且是整个希腊唯一没有加入该同盟的城邦，但那时候的斯巴达还只是一个被人忽视的城邦，或者说，比起骁勇善战，被忽视更符合斯巴达那时候的形象。不同于斯巴达，波斯人不仅是希腊唯一的敌人，而且还是一个很理想的敌人：通过希腊始终盛行的两个口号，"复仇"和"解放"，过去的敌意很容易就会死灰复燃。"复仇"和"解放"分别指向两个历史事件，即"向波斯复仇"与"解放小亚细亚希腊城邦"：一方面，公元前480/479年，希腊（特别是雅典）的神庙被毁，为此，希腊人要进行复仇；另一方面，小亚细亚的希腊城邦要争取解放，因为自公元前386年《大王和约》（Königsfrieden，即《安塔尔基达斯和约》）以来，他们就一直处于波斯人的统治之下。由这些历史事件所触发的动机与斗争的意愿究竟会强大到何种地步，还有待观察。毕竟，距离雅典卫城上的雅典娜神庙被毁一事已过去140多年，但雅典人始终没有为此而进行复仇。一个多世纪以来，雅典人甚至未曾公开承认，对这一事件的复仇构成了雅典的政治主旨。（顺便说一下，摧毁雅典娜神庙本身就是对一次反波斯运动中破坏神庙的行为的报复。）但无论是哪种情况，腓力二世都将作为领袖，在新一轮的波斯战争中赢得声誉。在当时，他是公认的雅典的恩人，是行善者。正是通过这些以他人为目的而建立的功绩，腓力二世的统治逐渐得到了广泛的认可。

从另一个角度来看，波斯帝国同样是一个理想的对手。公元前400年前后，在波斯大帝阿尔塔薛西斯二世（Artaxerxes II）与他的弟弟小居鲁士（Kyros der Jüngere）之间爆发的兄弟战争中，希腊雇佣军成功的军事行动就已经清楚地表明，波斯这个伟大的帝国的军事能力并不像人们想象中的那么强劲。① 在随后的几十年里，埃及始终独立于波斯帝国。公元前 4 世纪 60 年代，在小亚细亚地区发生了总督叛乱（Großer Satrapenaufstand），波斯帝国的许多总督背弃了阿契美尼德王朝。虽然波斯皇帝阿尔塔薛西斯三世奥库斯（Artaxerxes III Ochos）在公元前 359 年至公元前 338 年整顿了局势，甚至再次征服了埃及，但是在他和他的儿子被刺杀后，波斯帝国陷入了群龙无首的严重的政治危机，而此时也正是腓力二世夺取希腊政权的时候。直到公元前 336 年大流士三世科多曼努斯（Dareios III Kodomannos）被拥立为新一任波斯王之后，阿契美尼德帝国的局势才在一定程度上恢复稳定。

腓力二世是否想通过波斯战争来一步步实现更加远大的目标，例如征服整个波斯帝国，这个想法令人怀疑，结合当时的情形来看，这个目标

---

① 公元前 401 年，小居鲁士从小亚细亚起兵叛乱，率领一万多名希腊雇佣兵东进争夺王位，被其兄阿尔塔薛西斯二世击败，但他所雇的希腊雇佣兵却成功退回希腊本土。这件事被色诺芬记录在《长征记》中。

几乎是令人难以置信的。一个来自马其顿的国王在整个希腊作为唯一的领导者而独领风骚，光是这一点就已经超出了所有人的想象。尽管人们对于波斯帝国的实力是否已经被削弱这一点仍旧存疑，但在腓力二世领导下，在小亚细亚的那些成功的战役，还有对希腊城市的"解放"等种种经历使得人们对腓力二世的能力已经完全信服。不过，也可以想象，腓力二世会效仿自己之前在试图统治希腊时所实施的策略，即在政治与军事上双管齐下，利用二者间的张力推动彼此的发展。但是，摆在他眼前的不是征服小亚细亚那么简单的任务，而是征服整个波斯帝国。

公元前337年的春天，科林斯同盟的委员会决议通过了马其顿国王提出的针对波斯的进一步入侵计划。一年后，在两位高级指挥官帕曼纽（Parmenion）和阿塔罗斯（Attalos）的带领下，一支先头部队被派往小亚细亚。当年秋天（公元前336年），腓力二世遇刺身亡。20岁的亚历山大继承了他的衣钵。腓力二世的政治遗产不仅在于对一个巩固和扩大了的马其顿的统治以及对希腊的控制，还有这场针对波斯帝国的战争——他将这场战争看作自己的战争。

王位继承看似简单顺利，但事实上并非如此顺理成章。就在一年多以前，亚历山大与父亲腓力二世的关系出现了无法弥合的裂痕。公元前337年的春天或夏天，腓力又娶了一个女人。她叫克利奥帕特拉（Kleopatra）①，是我们刚刚提到过的重臣阿塔罗斯的侄女。这是腓力二世的第七次婚姻，但是，这次婚姻的特殊之处在于，这是腓力二世第一次与来自马其顿贵族阶级的女人结婚。不同于克利奥帕特拉，其他的女人，尤其是亚历山大的母亲奥林匹娅斯，都是不具有纯粹马其顿人血统的外族人。由此，在腓力二世与克利奥帕特拉的婚宴上，身份尊贵的阿塔罗斯骄傲地高声宣布，马其顿王国终于能够迎来一个合法的继承人了。亚历山大原本不容置疑的王位继承人地位确实受到了威胁。不管怎么说，亚历山大的名誉受到了损害，他的母亲奥林匹娅斯也受到了牵连，在此之前，她作为王储的母亲，在国王的众多妻子之中占

① 克利奥帕特拉为其本名，后由腓力二世赐名欧律狄刻（Eurydīkē）。

有特殊的地位。与腓力二世闹翻后，两人一怒之下离开了马其顿王宫，回到了奥林匹娅斯的故乡伊庇鲁斯。

在腓力二世的一位希腊好友的居中协调下，亚历山大在第二年与父亲和解。然而，这次和解仅仅是出于政治的需要。父子之间仍然如同过去那样存在着隔阂。公元前336年的秋天，当腓力二世在艾加伊城内的剧院被近身护卫刺杀时，正值他的女儿、亚历山大的亲妹妹克利奥帕特拉（Kleopatra）与亚历山大的舅舅、奥林匹娅斯的哥哥亚历山大一世① 举行盛大的婚礼。教唆刺杀者的嫌疑很快就指向了奥林匹娅斯和亚历山大两人。奥林匹娅斯离得比较远，所以应该没有什么机会筹划这件事。但是，人

① 即伊庇鲁斯的亚历山大（Alexander von Epirus，公元前370年~公元前331年），是希腊伊庇鲁斯地区摩罗西亚王国的国王，统治时间为公元前350年~公元前331年，属于埃阿喀得斯王朝。他在青年时来到马其顿腓力二世的宫廷，后来腓力二世帮助他推翻他的叔叔阿利巴斯，让他登上王位。公元前337年，奥林匹娅斯与腓力二世闹翻的时候，奥林匹娅斯回到摩罗西亚，一直调唆亚历山大一世与腓力开战。然而腓力不愿意两国情势恶化，因而与亚历山大一世缔结第二次盟约。

们至今仍然怀疑亚历山大参与了这起刺杀事件。虽然刺客的动机（名誉受损）本身看起来是符合情理的，但是事实上，这已经是陈年旧事了。此外，肇事者被捕后立即被杀了。随后，亚历山大被宣布继任，马其顿军队也承认了这位新的国王。这一切都进行得迅速而顺利。亚历山大也很快除掉了那些威胁他王位的潜在竞争者和反对自己的人。最重要的是，亚历山大有着一个明确的动机，那就是腓力二世才四十多岁，如果不出意外，那么腓力二世完全有能力继续统治马其顿，直到新的王位继承人长大成人，而到了那时候，亚历山大就只能是来自野蛮的伊庇鲁斯的私生子了！ ①

　　当然，这只是众多观点中的其中一种。持有这一类观点的评判者对亚历山大的为人已经有了一个明确的预设。除此之外，人们也可以找到其他一些为他开脱的言论：在很多刺杀案件中，犯罪者的动机都是难以推断的，并且涉及的所有异常情况也可以从其他不同的角度得

---

① 据说腓力二世在与克利奥帕特拉·欧律狄刻的婚礼上咒骂奥林匹娅斯为淫妇，宣称亚历山大为私生子。

到解释。传统的亚历山大崇拜者拒绝承认亚历山大犯了弑父罪，与此相比，那些从根本上批判亚历山大的人则更倾向于相信这一点。我们的考据还不足以支撑起一个完全可靠的论点，因此，对这件事的最终判断还必须保持开放。

第三章　征服者亚历山大

1　希腊与巴尔干半岛

作为马其顿国王的合法继任者，亚历山大谨慎地安排着一切。他将父亲腓力二世厚葬在艾加伊城内历代马其顿国王的旧墓地，并开始调查这桩刺杀案的内幕。来自上马其顿（Obermakedonien）的林塞斯蒂斯（Lynkeste）旧王室的两名贵族成员被视为王位的潜在竞争者，亚历山大宣称他们二人是刺杀案的共犯并处决了他们。随后，亚历山大又处死了自己的堂兄阿明塔斯四世，之前，腓力二世作为阿明塔斯四世的监护人，已经接任了其统治。不久后，亚历山大的死对头阿塔罗斯也于小亚细亚落到了刺客的手中。待到马其顿的局势将将稳定下来，公元前 336 年（腓力二世遇刺当年），这位年轻的国王又赶往希腊，以确立自己在色萨利的终身执政官的身份，并在科林斯继承了父亲腓力二世在那里的遗产，巩固了自己在科林斯同盟中的统治地位。

在公元前 335 年的春天，伊利里亚人和色雷斯部落的特里巴利人（Triballer）蠢蠢欲动，他们意图在巴尔干半岛中部的山地地区发动一场针对马其顿的战役。得知这些地区有意叛乱的消息后，亚历山大亲自率兵北上，一路攻打到多瑙河，甚至为了向敌方示威而渡过了多瑙河。也有人说，是某种"渴望（pothos/Sehnsucht）"使他渡河。这是我们第一次遇到"渴望"这一主题，正如我们在之后的历史叙述中将会看到的那样，在亚历山大大帝的一生中，这个主题经常与某种"对于边界的寻找"联系在一起。

在色雷斯战役结束后，亚历山大接着向西行军，去平定伊利里亚人的叛乱。人们意识到，这一切军事行动都是亚历山大用来震慑住这些历史上的对手而采用的军事策略：为了让他们知道，与他的父亲相比，年轻的国王的精力有过之而无不及。公元前335年夏末，在最艰难的地形中，亚历山大在一场大战中终于击败了伊利里亚人。没过多久，他又收到了消息——马其顿在希腊的统治面临崩溃。原来，有谣言传回了希腊，说是亚历山大已经在伊利里亚战死了，底比斯人听闻这一消息后，在他们的堡垒里举兵反抗统治他们的马其顿政府，并呼吁所有希腊人为了自由而战。该呼吁得到了异常强烈的反响。同时，雅典人自己也已作好了准备——他们从大流士三世那里得到了资金支持。当亚历山大得知这些消息之后，以迅雷不及掩耳之势率领急行军南下，杀向希腊中部，使得底比斯人陷入了孤立无援的境地，同时，也将其他希腊人的反抗之势扼杀在了摇篮之中。

在接任统治者的初期，亚历山大的行事风格有两个显著的特点。其一是他非常懂得如何利用军事力量造成示威性的效果：对于强权政治的冷酷逻辑，亚历山大有着清醒的认识。其二则是他彻头彻尾地如他第一个特点那般行事，并不因对未来的战略规划的考量而举棋不定、顾虑重重。在艰难的时局之下，亚历山大的举动无疑是令人难以置信的，但恰恰是行的这一步险着出奇制胜了。亚历山大成功的秘密似乎正在于此。当然，这也离不开他麾下的马其顿军队对他坚定的、不容置喙的忠诚。自亚历山大继位以来的这几个月里，这种忠诚已经表露得很明显了。亚历山大一定是凭借自己超凡的人格魅力，使得将士们心甘情愿地跟随他。

亚历山大敦促底比斯人交出他们的城邦，然而底比斯人毫不妥协。意识到自己的要求是徒劳无功的，在公元前335年的秋天，亚历山大将底比斯城屠洗一空。超过6000名底比斯人战死，幸存者被贬为奴隶，整个底比斯被夷为平地，领土也被瓜分。只有亚历山大钦佩的诗人品达的房子和神庙幸免于难。用权力话语委婉地说，亚历山大在利用底比斯"树立一个典型"。这一切如何发生，从我们刚才强调的亚历山大的思想和行动要素中就可以看出：强势者的冷酷逻辑带来了惩戒式的暴戾行动，特别是针对那些反抗者，他们的命运就是成为为了儆猴而被杀的那只鸡。

然而，另一方面，国王也会出于政治考虑而转变自己的外交策略。尽管雅典人不仅大肆宣扬对底比斯叛军的同情，还曾意图为他们提供军事支持，但是，考虑到雅典的可利用价值，亚历山大最终还是决定对雅典人的所作所为睁一只眼，闭一只眼。毕竟雅典还有着一支非常重要的舰队，在希波战争时，国王就是凭借这支舰队获得了胜利。另外，最重要的一点是，雅典有着比底比斯更高的威望。这种威望似乎是可以转移的——可以转移到那些保护它和尊重它的人身上。因此，亚历山大为雅典所做的一切使他在整个希腊世界享有声望。希腊诸城邦中的其他马其顿人也受到了拥护。科林斯的同盟关系得到了重申。亚历山大仅用了一年的时间，就打消了伊利里亚人、色雷斯人甚至希腊人对他所持决心的所有怀疑，并粉碎了有野心者妄图迅速破坏腓力二世所布局面的种种念头。之后，他把目光转向了他的下一个主要目标——与波斯人的战争。

2 小亚细亚

这场征战始于公元前334年的春天。亚历山大将年近65岁的安提帕特留了下来，并施以全然的信任，命其担任欧罗巴最高军事长官（strategos）① 一职，这就相当于让这位最年长的，同时亦是父亲腓力二世最忠诚的伙伴兼任了马其顿副国王与监国。而亚历山大本人则亲自率领军队出征，随行的是最重要的指挥官帕曼纽，他比安提帕特略微年轻几岁，也是腓力二世麾下最忠诚的将领之一。这支远征军总计约有3.75万人，其中步兵有3.2万人，骑兵有5500人。在步兵队伍中，1.2万名马其顿人构成核心——9000名伙友步兵（被

---

① strategos（复数形式为strategoi，拉丁化为strategus）意为"将军"，是古希腊统领军队的高级武官，另外，该头衔也指称古希腊雅典城邦的民主制度中的军事最高长官，其主要职责是统帅雅典的海军舰队及陆军。在克里斯提尼（Kleisthenes）的改革下，以往由雅典四大部落任命的四个将军随着新的十个部落的组成而解散，取而代之的是每年任命的十个将军，他们由新部落选出，即每个部落各选一名。十名将军再由城邦内少数官员采用选举形式而非抽签确定，在公民大会上通过，可以连任多次。

分为 6 个团）和 3000 名持盾卫兵。此外，还有来自希腊同盟军的 7000 名重装步兵和同等数量的雇佣兵，这些雇佣兵配备了不同的武器，克里特弓箭手也在兵团之内。巴尔干部落亦派出了部分士兵，例如来自色雷斯的奥德里西亚王国（Odrysen）的士兵，还有特里巴利人、伊利里亚人和阿格里安人（Agrianen）。这些来自巴尔干部落的军队共有 6000 人，他们作为特种部队负责远距离作战和小规模的轻装作战（轻装步兵包括长矛手、弓箭手与盾牌手）。

骑兵队由 1800 名马其顿人组成，其中有 1200 名伙友骑兵（被分为 8 个中队）和 600 名远程侦察兵［即前哨骑兵（Prodromoi），被分为 4 个中队］。色萨利人派出了 1200 名骑兵，科林斯同盟内的希腊盟友派出了 1000 名骑兵。此外，骑兵队伍中还分散着 600 名雇佣兵和 900 名色雷斯人和佩恩人（Paionen），他们同样担任侦察部队的角色。此外，军队中还专门设置特殊兵种，例如前驱部队、攻城技术研究部队、随军史官（负责撰写官方战役日志和星历表）和负责地理勘察的专职人员，以及与作战军队人数相应的大型辎重部队。随行的还有神职人员、艺术家和科学家。亚历山大带这些人同行是为了确保即使是在远征途中，日常宫廷生活中作为交际活动的会饮也能够顺利进行。在这种流动性的宫廷交际活动中，最突出的代表之一是亚里士多德的亲戚——历史学家卡利斯提尼（Kallisthenes）。在远征期间，他就已经使亚历山大的功绩在整个希腊世界传扬了。

同时，一些重要军官也时刻伴随在亚历山大的左右。尽管他们的资历不及老将帕曼纽，但亚历山大亦为他们其中的一些人授予了近身护卫（Somatophylax）的荣誉头衔。其中，有三个人非常重要。他们分别是指挥同盟军队的老将安提柯（Antigonos），帕曼纽的儿子、伙友骑兵统帅菲罗塔斯（Philotas）以及这支部队中等级最高的部队——国王骑兵中队——的统帅克利图斯（Kleitos）。部队中的很多将领都与亚历山大私交甚笃，他们曾一起学习与训练，如赫费斯提翁、托勒密和战备金管理员哈帕拉斯

（Harpalos）等人。虽然这支军队的整体规模并不算太大，但是它有着非常强悍的战斗力，而且大部分士兵与将领都有着极为丰富的作战经验。当然，亚历山大的军队配置也并非铁板一块——海军领域是他的"阿喀琉斯之踵"。由于马其顿人还没有属于自己的海军部队，因此，亚历山大的海军舰队是由希腊同盟（主要是雅典）提供的160艘三列桨座战船（Triere）①组成的。这有可能使马其顿本就不得人心的统治地位变得更岌岌可危：波斯人可以借机在爱琴海海域经营自己的海军，同时打着"摆脱马其顿压迫"的名号向希腊发起战争。

亚历山大率领大军从赫勒斯滂（Hellespont）②出发并渡海向亚洲进发的这一举动具有重大的象征性意义与历史意义，它不仅

---

① 在公元前7世纪至公元前4世纪，快速、敏捷的三列桨座战船占据了地中海军舰的主导地位，直至被更庞大的四列桨座战船和五列桨座战船取代。在希波战争中，三列桨座战船发挥了至关重要的作用。

② 即达达尼尔海峡，赫勒斯滂为古称，是连接马尔马拉海和爱琴海的海峡，属土耳其内海，也是亚洲和欧洲的分界线之一，常与马尔马拉海和博斯普鲁斯海峡并称土耳其海峡，而且是连接黑海与地中海的唯一航道。

标志着亚历山大东征的开始，而且这一姿态将此次远征的作战目标与个人动机展露无遗。根据希罗多德的记载，我们可以看出，亚历山大的意图与特洛伊战争以及公元前480年由波斯王薛西斯一世发起的那场针对希腊人的战争明确相关。在色雷斯南部克森尼索半岛（Thrakische Chersonnes）上的伊莱厄斯城（Elaius）中，矗立着英雄普罗忒西拉奥斯（Protesilaos）之墓。这里位于达达尼尔海峡分界的欧洲一侧，现已成为一处圣地，墓前供奉着祭祀之物。在希腊攻打特洛伊的战争中，普罗忒西拉奥斯是第一个从甲板上一跃而下，跳上亚洲领土的人，同时，他也是第一个在战争中倒下的人。① 就在达达尼尔海峡的正中央，亚历山大用一个金色的碗向海神波塞冬（Poseidon）献祭，这一举动有可能是出自对祭祀太阳神赫利俄斯

---

① 在希腊人终于到达特洛伊的海岸之后，预言家警告，第一个踏足海岸的人会最先死亡。奥德修斯为了鼓动士兵们上岸，把盾牌扔到岸上并灵活地跳上盾牌，并未接触到土地。而普罗忒西拉奥斯渴望建立军功，并没有留意到奥德修斯的诡计，立即跳上海岸杀敌，特洛伊英雄赫克托耳朝他飞掷一支长矛，结束了普罗忒西拉奥斯的性命。

（Helios）①的回忆，因为薛西斯一世在从亚洲行至欧洲的途中，就曾在他建造的浮桥②上祭祀太阳神赫利俄斯。在即将到达海岸时，亚历山大飞掷一支长矛，插进了亚洲的土地，以表明这片土地是"长矛赢得的（doriktetos/speererworben）"，也就是说，他要用武力征服这块领地，因为根据"战争法则"，这里将属于胜利者。随后，身披铠甲的亚历山大大帝从甲板上一跃而下，踏上了亚洲的土地——一如普罗忒西拉奥斯。随后，亚历山大在这里为"着陆保护神"宙斯·阿波巴特里奥斯（Zeus Apobaterios）、"荷马英雄守护女神"雅典娜和国王们的祖先赫拉克勒斯建立了祭坛。

亚历山大和他的近侍们首先来到了伊利昂（Ilion），这个不起眼的小镇建立在曾经辉煌

① 赫利俄斯是古希腊神话中的太阳神，与古罗马神话中的索尔（Sol）相对应。在后来的神话里，赫利俄斯逐渐和阿波罗混同，但他们也常被视为两个不同的神，前者为提坦神，后者为奥林波斯神，二者同属奥林波斯神系。

② 该浮桥指萨拉米斯海战时，薛西斯为了进攻希腊，将庞大的舰船首尾相连，横跨海峡组成了巨大的"浮桥"。波斯大军正是通过这座浮桥迅速进入了欧洲。

的特洛伊的遗址之上。亚历山大隆重地祭祀了伊利昂的守护女神雅典娜·伊利亚特（Athena Ilias），就像薛西斯一世做过的那样，为众英雄献祭神之酒。除此之外，亚历山大还把自己的盔甲献给了雅典娜，作为回报，他在神庙里得到了古老的武器。据说，这些武器自特洛伊战争时期以来就一直被保存着，在之后的征战中，亚历山大的军队也可以使用它们。亚历山大还为普里阿摩斯（Priamos）带来了和解的祭品，因为据传说，他的母系祖先阿喀琉斯之子涅俄普托勒摩斯（Neoptolemos）在攻占特洛伊时，在祭坛上杀死了寻求保护的普里阿摩斯。[①] 最后，亚历山大为一座被认为是阿喀琉斯之墓的坟墓献上花冠，相应的，赫费斯提翁在一座所谓的帕

---

① 在特洛伊战争中，他的儿子赫克托耳在与阿喀琉斯决斗时战死。普里阿摩斯为了讨回儿子的尸首，趁夜冒险潜入希腊阵营中请求阿喀琉斯，最终获允。普里阿摩斯最后被阿喀琉斯的儿子涅俄普托勒摩斯在特洛伊城中心的宙斯祭坛上杀死。维吉尔在《埃涅阿斯纪》中写到，普里阿摩斯原本披坚执锐准备冲入敌阵，但在妻子赫卡柏（Hekabe）的劝说下，与她及女儿们逃至宙斯祭坛处。他在此处目睹儿子波吕忒斯（Polites）被涅俄普托勒摩斯杀死，遂向后者抛掷长矛，长矛刺中铠甲而未造成伤害，涅俄普托勒摩斯反将普里阿摩斯杀死。

特洛克罗斯的坟墓前也做了同样的事情。

在公元前4世纪，以类比史诗的方式呈现和开始一场战役已经不是什么稀罕事。但是，亚历山大的事迹表明，他将《伊利亚特》中的史诗战争与公元前480/479年的那场希波战争联系在了一起，就像当初薛西斯一世所做的那样。如此一来，这场战争便卷起了希腊人和野蛮人之间、欧洲和亚洲之间的根本冲突。通过希罗多德在《历史》中的记述，亚历山大已经意识到了这种冲突，再加上特洛伊战争与希波战争给他留下的深刻印象，现在，亚历山大要亲自谱写这场冲突的后续了。波斯皇帝，或者更确切地说，所有的波斯人，按照这种极端对立的二分法来看，都代表着"非希腊人"和"野蛮人"。因此，当亚历山大将自己发起的这场战争与《伊利亚特》和希罗多德的《历史》类比，并强调这种类比的象征性意义时，事实上，亚历山大就是意图表明，他所做的一切正是指向这场针对野蛮人、针对他们的王国、针对亚洲的战斗——从而最终指向对整个世界的统治。德国古历史学家汉斯－乌尔里希·因斯丁斯基（Hans-Ulrich Instinsky）认为，打最一开始，亚历山大就已经作好把波斯甚至全世界纳入自己囊中的准备了，尽管我们直到伊苏斯之战（Schlacht von Issos）后，从大流士三世和亚历山大的谈判中，才能直接、清楚地看到这一点。

此外，亚历山大所做的这些祭祀行为还具有非常个人化的语义。亚历山大在这里并不单单是想将自己与神话中的英雄人物联系起来（例如效仿普罗忒西拉奥斯的飞身一跃），更确切地说，他已经直接将自己视为那些最伟大的英雄的后裔。我们从他祭祀普里阿摩斯和为阿喀琉斯之墓献花冠这些行为中可以清楚地看到这一点。在这个意义上，他不是类比神话，而是将自己置于神话之中，或者反过来说，他将自己的所作所为神话化了。

对于亚历山大的入侵，波斯人并非毫无准备。公元前336年，大流士三世在质疑声中登上了波斯皇帝的宝座，但正如我们在亚历山大东征的这头几年中所看到的那样，大流士三世的统治能力毋庸置疑。这位皇帝将抵抗亚历山大大军入侵的防御任务交给了小亚细亚各个地区的总督们（Satrapen）。为此，总督们集结了大批的军队充分备战，他们希望通过昂扬的斗志与英勇的战斗姿态来证明自己的忠诚。来自罗得岛（Rhodos）的希腊人门农（Memnon）作为沿海地区的指挥官效力于大流士三世，他曾向其提出"焦土政策"，即不与亚历山大正面对抗，而是烧毁他们的粮草并断掉其物资的供应。然而，这项提议被驳回了，因为"焦土政策"不仅与波斯的统治理念相悖，即统治者应当是土地和农民的保护者，而且也与波斯总督的骑士精神相悖。波斯总督们最终决定公开决战，并将军队部署在特罗亚（Troas）东部的格拉尼库斯河（Biga Çay/Fluß Granikos）沿岸。这里的地理位置绝佳，易守难攻：不仅有前方的河水可以保护阵地，背后的平原还为波斯的主力军——骑兵——提供了很好的施展空间，他们的数量几乎是亚历山大的骑兵总数的两倍。这支骑兵构成了波斯帝国在小亚细亚驻军的精锐部队。此外，还有一支约2万人的步兵部队，该部队由希腊雇佣兵、部分波斯守备部队和当地特遣队组成，主要部署在骑兵的前方。

自然，亚历山大接受了波斯的宣战。公元前334年5月，格拉尼库斯河战役打响。亚历山大通过调动骑兵侦察部队，把波斯骑兵引出波斯军队的阵地并立即对其发起了攻击，将其击逃，此时，趁敌方阵线松动，如同之前的喀罗尼亚战役一样，马其顿伙友骑兵在亚历山大的亲自率领下，给予敌方中央阵线最精锐的部队致命一击。这次进攻之所以能成功，正是因为它与战略考虑背道而驰且极具风险（亚历山大险些丧命）。因此，这场胜利被赋予了无上的荣耀，并且由于采用了突击策略，马其顿军队的战损也比平时要低。

在战斗过程中，亚历山大指挥军队对波斯军队中被包抄的希腊雇佣兵进行了无情的屠杀，幸存者被押送到马其顿的矿区，如奴隶般从事强迫劳动。由此我们可以看出，虽然亚历山大自己根本没有动用希腊同盟军队，但他还是对这场胜利作出了简明扼要的泛希腊式解释：凡是以希腊人身份为波斯一方作战的人，全部都是叛徒。这些人不得希求赦免，而只应受到最严厉的惩罚。亚历山大将缴获的300副波斯盔甲作为祭品带回了雅典卫城，献祭给了雅典娜·帕特农（Athena Parthenos）①。献祭的题字如下："腓力之子亚历山大和全希腊人敬献，拉刻代蒙人（Lakedaimoniern）②除外。谨献上从亚洲野蛮人手中缴获的这些战利品。"希腊人与野蛮人的这种对立完全就像是处于一场仪式的交接点上。尽管此时亚历山大还未得到大帝的称号，但他已然是希腊的霸主，而并不属于科林斯同盟的斯巴达人则受到了含沙射影的羞辱。尽管事实看起来并非如此，但将战争的胜利美化为某种荣耀希腊的伟大成就，则是为了让希腊人确信，亚历山大确实一直在追求他所树立的战争目标。同样，自由与民主这一口号也始终如一地在小亚细亚的所有希腊城邦中被践行着。由于波斯人（类似于在希腊的马其顿人）通常实行的是寡头政治，所以亚历山大呼吁民主自决不仅是一则很好的宣传口号，而且也是一项与其政治逻辑相符的政治措施。事实

---

① 希腊文原意是"处女雅典娜"，此处指古希腊雅典帕提农神庙里巨大的雅典娜女神像。
② 即斯巴达，城邦本名为拉刻代蒙。

上，在这个时候，大多数的希腊城邦都已经倒向了亚历山大。同样，居住在总督区首府萨第斯（Sardeis）的吕底亚人（Lydien）也获得了他们应有的权利。由此，亚历山大赢得了小亚细亚这个波斯统治的重要之地。

然而，格拉尼库斯河战役的胜利还导致了其他完全不同的后果。事实证明，大名鼎鼎的波斯骑兵尽管在数量上占据了优势，但实力还是弱于马其顿骑兵。这场失利不仅使得波斯军队的威望大大受损，更重要的是，还使得整个波斯的军事形势突然恶化。在小亚细亚，除了在那些效忠于波斯的地区还驻扎着一些精良的守备军外，其余地方的部队都已经不具备拖住敌人的实力了。大流士三世现在不得不亲自接手波斯帝国的防务工作。现在，他将小亚细亚的最高指挥权完全交给了门农，如此，门农掌管了波斯仅存的几个沿海地区——尤其是波斯的舰队。当然，正如我们已经指出的那样，这些海军可能将会使亚历山大陷入险境。

而亚历山大敏锐地察觉到了这一危险。在他的泛希腊—亲民主主义式的迎合姿态背后，潜藏着的是他军事上的战略需要。但是，由于希腊舰队士兵不太靠得住，亚历山大不得不通过夺取波斯海军的基地（即小亚细亚西部海岸和南部海岸地区）来限制波斯海军的作战半径。这就是他的战略方针。在率军攻下了米利都（Milet）之后，亚历山大发现波斯政府的寡头政治并非完全不受当地民众欢迎，但是他采取了与之相对的怀柔政策，这也完全符合他此前一直贯彻的政治路线。随后，亚历山大暂时解散了同盟舰队，并在公元前334年的秋天开始围攻波斯人余下的最重要、最坚固也最难抵达的堡垒——位于小亚细亚西南部的哈利卡那索斯（Halikarnassos）。在门农的亲自领导下，哈利卡那索斯的波斯军队亦集结成了抵抗力量。这场旷日持久的攻防战最终以马其顿军的胜利而告终。然而，虽然战败，但是门农将波斯残军的基地后撤到了几公里外的科斯岛（Kos）。而且相较于已经被解散了的希腊同盟舰队，仍然完整的波斯舰队依然是亚历山大大军的最大威胁。

因此，将小亚细亚南部的港口地区握在

手中对于亚历山大来说变得至关紧要。鉴于冬季即将来临，他将大部分军队派遣到了位于弗里吉亚（Phrygien）的冬季驻地，并准许年轻的已婚马其顿士兵在家中休假，而自己则在冬季战役中去了吕基亚（Lykien）和庞非利亚（Pamphylien），并以怀柔政策占领了那里所有的沿海地区，使其归顺于自己。穿过皮西迪亚（Pisidien）山区后，亚历山大自己终于也率军来到了弗里吉亚。公元前333年春天，他在弗里吉亚的王室旧都、传说中的迈达斯王（Midas）的所在地戈尔迪乌姆（Gordion）集结了他的部队。

如今，亚历山大已经控制了整个小亚细亚的西半部地区，并且他还明确表示，要在这里建立自己的政权。为此，他在很大程度上适应了当地的情况和传统：不仅是本地人的，还有波斯人的。总的来讲，亚历山大的一系列举动展现了他在政治逻辑与方案落实上的结合。在那些存在着明显或潜在的抵抗波斯统治的声音的地方，亚历山大呼吁人们追求自由（如同他对希腊人和吕底亚人做的那样）。在强权者摩索拉斯①总督的带领下，卡里亚（Karien）的王公政权早在几十年前就已经将当地的统治传统与波斯帝国的总督统治制度结合了起来。亚历山大对他们进行了支持：他将被波斯人剥夺了权力的阿妲（Ada），即摩索拉斯的姐妹，重新任命为总督，同时也确立了他们家族的高贵地位。作为回报，阿妲将亚历山大收为干儿子，使之成为其假定的继承者。除此之外，亚历山大还保留了波斯的行政区划，并主要保留了波斯的朝贡制度。现在，马其顿的贵族们也跻身于总督之列了，例如安提柯一世，他被亚历山大任命为弗里吉亚总督，并驻守在弗里吉亚的首府克莱奈（Kelainai），在后续的作战中为远征军的后方联系和协调提供了至关重要的帮助。

这些古希腊白日梦想家们做梦都想取得的

① Mausolos（？～公元前352年），公元前377年～公元前353年在位。当时的卡里亚虽然名义上服从于波斯帝国的统治，实际上却是一个半独立的政权。摩索拉斯曾参与总督叛乱，与希腊人合作，反对波斯人的统治，并夺取了吕底亚的大片土地。在位期间，他大兴土木，兴建了许多庙宇等大型建筑。死后，其妻阿尔特米西亚二世继位，遗体葬于著名的摩索拉斯陵墓中。该陵墓是古代世界七大奇迹之一。

累累战绩，还有这无数征夺来的领土，为亚历山大赋予了神话般的光环。于是，亚历山大的个人形象开始与奇迹联系在一起，关于他的故事开始在人群中流传，把他推向了某种超自然的存在。宫廷史学家卡利斯提尼似乎应该对此负有主要责任：根据卡利斯提尼的描述，在吕基亚战役中，当亚历山大沿着一条因布满岩石而理应无法通行的海岸行军时，大海从他身边退去。此外，人们尤其爱传颂亚历山大在戈尔迪乌姆的事迹。那里的城堡里有一辆上古战车，是弗里吉亚王国黄金时期遗留下来的宝物。在战车的车轭与车辕之间系着一个解不开的绳结。根据当地传说，谁能解开它，谁就能成为亚细亚霸主。而亚历山大看到它后，一刀斩断了绳结。虽然我们很难断言这件事是否纯属一场添枝加叶的虚构，但戈尔迪乌姆之结的故事非常清楚地向我们表明了，亚历山大是以什么形象被人们广泛接受的。

当马其顿军队还在戈尔迪乌姆集结的时候，门农已经趁着春季来临、海上可以复航之际，向爱琴海岛屿发起了进攻。在很短的时间内，他就攻占了希俄斯岛（Chios）和莱斯沃斯岛（Lesbos）这两个重要岛屿。门农对爱琴海岛屿的统治严重危及了亚历山大与欧洲之间的联系，特别是达达尼尔海峡地区。然而，这并未使亚历山大放弃他的远征之路：尽管他在组建和维护新舰队方面花费了一些物力与财力，但他的最终目标却指向别处：如同一场巨大的战争博弈，亚历山大渴望迎接最大的挑战——直指敌人的心脏，即波斯大帝本人。亚历山大没有再执着于安纳托利亚（Anatolien，即小亚细亚）中、东部地区的归属问题，而是率领全部部队——这已经是一支补充了新鲜血液的、更加精锐的新部队了——向着安纳托利亚内陆和地中海之间的托罗斯山脉（Taurus）进军。奇里乞亚（Kilikien）是他的第一个目标，当然还有那里的波斯海军基地。但与此同时，亚历山大也清楚，如此一来，他就不得不与波斯帝国大部，甚至与波斯大帝本人正面对峙了。公元前333年5月，在行军过程中，亚历山大收到了门农的死讯。同年夏天，他率军从戒备松弛的奇里乞亚隘口（Kilikische Pforte）穿越了托罗斯山脉，并占有了奇里乞亚东部广阔而肥沃的平原。然而，一场严重的疾病（很可能是肺炎）使亚历山大在奇里乞亚不得不滞留了几个星期。而帕曼纽则被派往前方，以确保阿曼努斯山脉（Amanus-Gebirges）一带通往叙利亚关隘的安全。

3　伊苏斯及其后

得知门农的死讯和亚历山大进军的消息，波斯王室决定彻底改变战略：在爱琴海的军事行动继续进行，但要削减一些军事支出。然而波斯的新一任最高指挥官法那巴佐斯（Pharnabazos）①和奥托夫拉达提斯

①　约公元前370年~约公元前320年，波斯赫勒斯滂弗里吉亚总督阿尔塔巴左斯之子。公元前358年，其父亲和其他总督发动对阿尔塔薛西斯三世的叛变，最终被国王军击败。于是阿尔塔巴左斯、法那巴佐斯和门农等人逃到马其顿王国，投靠腓力二世，并在马其顿结识了年少的亚历山大，后返回波斯王国。当亚历山大朝亚洲进军，并在格拉尼库斯河战役和哈利卡那索斯围城战击败波斯的军队时，法那巴佐斯开始辅佐已是妹婿的门农统领波斯海军，并且计划夺取爱琴海诸岛来迫使希腊诸城邦倒向波斯这一方，同时威胁亚历山大的补给线。随后，法那巴佐斯和门农一起率领波斯舰队成功夺下希俄斯岛和莱斯沃斯岛。在围攻米蒂利尼岛（Mytilene）时，门农病逝，并把舰队统帅权暂时交给法那巴佐斯。

（Autophradates）二人在与希腊人打交道时缺乏外交技巧，因此，结果只是使波斯与斯巴达的联系变得紧密了一些，除此之外，爱琴海地区依然是波斯人的副战场。不过，这样倒也与波斯大帝的所图不谋而合：波斯大帝现在是要与眼前的侵略者直接对峙，而非实施外交上的怀柔政策。他的统治理念要求他保卫自己的土地和人民，并用行动证明自己是伟大的神阿胡拉·玛兹达（Ahuramazda）[①] 的真正代表。

现在，一支庞大的波斯军队集结成形了。士兵们主要来自波斯帝国的西部地区：有来自波斯部落军的骑兵和步兵，有来自臣民队伍的其他混合部队，还有一批强大的希腊雇佣兵。在数量上，这支波斯军队是亚历山大军队人数的 2~3 倍。此外，还有皇帝身边的近卫军、帝国的重要首领和庞大的辎重部队。波斯皇帝带着全部家当，在整个皇宫的陪伴下，出战了。

---

① 名称来自阿维斯陀语，是古波斯的神名，Ahura 意为光明，Mazda 意为主，全称即"光明的主"。公元前1200 年前后，琐罗亚斯德教宣称其为创造一切的神，将阿胡拉·玛兹达奉为"唯一真正的造物主"，因此后来成为琐罗亚斯德教的最高神。

当波斯皇帝行至阿曼努斯山脉以东时，亚历山大得知此讯，便迅速率军沿着伊斯肯德伦湾（Golf von Iskenderun）的海岸向波斯军队赶去。当大流士三世继续向东边行进时，事实上，两军已然擦肩而过了。因此，在越过阿曼努斯山脉之后，马其顿大军猛然发现波斯军队竟然绕到了自己的后面。公元前 333 年的 10 月底 /11 月初，大流士于皮纳鲁斯河（Pinaros）以北的伊苏斯小镇处（确切位置尚不明确）部署军队。波斯大军的主要作战兵种是骑兵，然而直接临海的这一片平原仅有 7 公里宽，限制了波斯骑兵的展开，但好处是这同时也迫使敌人将阵列拉薄。在临海的兵阵中，大流士将约 2 万名骑兵置于右翼临近的岸边，以便发动进攻并从侧翼包抄敌军。位于大军中部和左翼的则是希腊雇佣军和波斯轻装步兵，分别约有 2 万和 3 万人。在大军的中央则是大流士与他的近卫军，共 2000 人。在朝向马其顿所在方位的波斯阵列的最左侧，部队已经处于阿曼努斯山脉的丘陵地带，那里部分地形结构坚固。大流士在这里部署了来自臣民队伍的混合部队，以便在马其顿军冲锋时从侧翼发起阻击。①

对于敌方的战意，亚历山大照单全收。他掉转军队，将其部署在河流南部的平原上：军队的左翼及中部是马其顿与希腊步兵，这些士兵连同色雷斯的长矛兵一同听从帕曼纽的指挥。这一部分的部队采取防御行动，同时，亚历山大那边则亲自率领右翼的伙友骑兵向波斯军左翼发起突击。面对波斯大军的布阵，亚历山大将色萨利骑兵和希腊同盟骑兵安排在左翼，并命令轻装部队前去对付驻扎在丘陵地带的波斯军小分队。全部安排妥当后，亚历山大开始对敌人的左翼进行攻击，并逐渐向敌人的中央方阵进逼，使其同时遭受来自侧面和后方的两面夹击。而波斯皇帝本人，在波斯精锐部队的镀金长枪兵阵之中，端坐于他那辆华丽的战车之上——这就是亚历山大的目标。然而，在一开始，亚历山大大军一方的进展并不顺利。经过异常激烈的战斗，右翼的波斯骑兵和希腊重装

---

① 此时，大流士部队的部署位置已经延伸到了马其顿军的右后方。

步兵在海岸上逐渐取得优势。但就在他们胜利在即的时候，波斯中央指挥部队下达了撤退的命令：由于亚历山大击溃了波斯步兵，并正如他所设想的那般从侧面对大流士三世进行了包抄。大流士惊慌失措，发出了撤退的信号，在兵荒马乱中逃亡。由此，亚历山大得以沿着海岸继续追击波斯骑兵，使得波斯大军仓皇逃窜。

尽管马其顿人和希腊人一方也有着不小的损失，但这依然是一场彻底的胜利。不久之后，亚历山大又快速地攻下了大马士革，而波斯人的辎重部队，最重要的是波斯王室的家当，还有大流士的夫人们以及至关重要的"战争宝箱"（战争资金），也全部落入了亚历山大的手中。除此之外，这场战争还带来了某种强大的心理作用：波斯帝国以及大流士三世的神圣地位被大大地撼动了。在这场公开的战役中，亚历山大成功了，他不仅击退了波斯总督们的军队，而且站在统治者的角度来看，他也依然是胜利的一方。和马拉松（Marathon）战役及萨拉米斯（Salamis）战役中犹如传奇英雄的战士一样，亚历山大在战场上取得了决定性的成就——而且这次是在敌人的领土之上。

伊苏斯之战的胜利带来了立竿见影的成果。马上，腓尼基（Phoinikien）①——波斯舰队最后一个重要堡垒——的沿海城市宣布臣服于亚历山大。在爱琴海的海战告一段落之后，波斯的各舰队甚至加入了亚历山大的阵营，但有一个城市例外——腓尼基最重要、最著名的城市推罗（Tyros/Sur），它是迦太基（Karthago）的母城。这是一个充满自我意识的城市，它从未被任何人征服过，甚至连巴比伦的尼布甲尼撒大帝（Nebukadnezar）都没有将其征服。推罗城坐落在海岸边的一个岛屿上，难以接近，不仅筑有坚固而高耸的城墙，最重要的是，推罗的居民还拥有自己强大的舰队。推罗人已经作

---

① 腓尼基是古代地中海东岸的一个地区，其范围接近于如今的黎巴嫩和叙利亚。为了便于修筑堡垒以及防御，大部分的腓尼基城镇都建在沿海地带，而且是各自独立的。腓尼基人是闪米特人的一支，他们善于航海与经商，在全盛期曾控制了西地中海的贸易，也在中东和北非建立了不少殖民点，成为今天地中海国家与民族的组成部分。他们的腓尼基字母与希伯来字母、希腊字母和拉丁字母同源。

好了与亚历山大和谈的准备，却并不愿完全屈服于亚历山大。亚历山大向他们表示自己想要带着武器和军事随从进入推罗城，并祭祀该城的最高神美刻尔（Melkart）①。美刻尔之于推罗人，就如同赫拉克勒斯之于希腊人和马其顿人。推罗人拒绝了亚历山大的提议，这一举动激怒了亚历山大，他决定动用武力攻城，无论使用什么办法，都一定要将这座城池拿下。这次围城战一直持续了约8个月（公元前332年1月至8月）。亚历山大从陆地上修筑了一道能够延伸到推罗城的长堤。后来，舰队也纷纷倒向了亚历山大，推罗城临海的一面也被包围了，并最终被亚历山大攻陷。和底比斯一样，这座城市也沦为了为儆猴而被杀的那只鸡：8000名市民被杀，3万名市民被贩卖为奴隶，2000名能够

---

① 古代腓尼基人的神祇之一，在腓尼基语中意思是"城邦之王"。推罗的国王常常自称是美刻尔的后裔。古希腊历史学家希罗多德在自己的著作中将其比作"推罗的赫拉克勒斯"，也有观点指出，希腊人认为推罗城内神殿主奉的腓尼基神祇美刻尔就是赫拉克勒斯。随着腓尼基的殖民扩张，叙利亚地区都开始信仰美刻尔。根据《塔纳赫》的记载，美刻尔信仰被亚哈带到以色列，在耶户在位期间被根除。在迦太基势力达到全盛的时候，美刻尔的信仰被传播到西班牙以及广阔的地中海沿岸地区。

服兵役的男人沿着海岸线被钉死在十字架上。随后，亚历山大向他的祖先赫拉克勒斯献祭。

伊苏斯之战结束后不久，在推罗围城战期间，波斯皇帝大流士三世通过正式的信件往来和派遣使节的方式与亚历山大谈判。研究亚历山大的历史学家阿里安为我们提供了这些信件的原文，但这些文字的真实性在学术圈内仍存有争议。谈判的细节和时间也是如此。不过，这些信件与谈判的主题及中心内容却十分明确：大流士最为关心的问题是如何赎回他的亲属——他的母亲、妻子和孩子在大马士革附近落入马其顿人手中。作为回报，大流士愿意与马其顿交好并结盟，并有意将波斯在小亚细亚的领土割让给亚历山大。尽管亚历山大对大流士的女眷尊敬有加，他依然拒绝了大流士的请求。因为他才是亚洲的主宰者。如果大流士怀疑这一点，那么就应该与他争夺统治权。

不久后，大流士三世再次提出和平协议。这一次，他愿意将半个波斯帝国都割让给亚历山大，让亚历山大与自己平起平坐，此外，他还愿意把自己的女儿嫁给亚历山大。除去已经征服的领土之外，幼发拉底河以南的所有西部领土，包括埃及在内，都是属于亚历山大的。从马其顿王室会议的讨论结果以及亚历山大本人在应对此事时的反应中，我们应该能够判断这位君主的目标了：据说，在王室会议的讨论过程中，帕曼纽表示，如果他是亚历山大，他将接受波斯皇帝的这个提议。亚历山大随即反驳道："如果我是帕曼纽，我也会这么做。"和其他别的故事一样，这个故事也在真实性上存在争议。但其中至少有一种解释是合理的：波斯大帝在这一次让步中所给出的条件远远超出了希腊人或马其顿人两年内在亚洲能够收获的战果，即使是那些曾目睹腓力二世带领马其顿飞速崛起的希腊人或马其顿人，也不相信亚历山大能征夺比波斯皇帝给出的这些更多的东西。像帕曼纽建议的那样同意大流士的提议是最明智的做法。很多迹象表明，如果是腓力二世的话，他会听从他最亲密的伙伴帕曼纽的建议。但是现在，决策者是亚历山大。对亚历山大来说，任何选择都不构成问题，因为他的目标从来都只有一个，那就是征服一切。那些对亚历山大的战前仪式性行为所作的分析在这里得到了证实。并且在亚历山大再次拒绝提议的这个时间点上，我们明白了，早在围攻推罗城之前的那次谈判中，亚历山大就已经决定拒绝任何和平协议了。到现在为止，亚历山大的目标已经很清晰了：他想统治波斯帝国——当然，是带着统治整个世界的念头。

在攻占了推罗城后，亚历山大依然没有与大流士三世进行直接的对抗，而是给了对手喘息的机会。这使得波斯皇帝再次聚集了一支可用之师。我们从亚历山大的政治战略中更容易看到他这样做的原因：尽管黎凡特（Levante）和爱琴海地区没有任何反抗之心，但是希腊的局势仍然云谲波诡。亚基斯三世（Agis III）①

---

① 第20位欧里庞提德世系的斯巴达国王，公元前338年~公元前331年在位。继位不久，斯巴达的地位因马其顿国王腓力二世崛起而逐渐下滑。公元前333年时，亚基斯三世搭上一艘三列桨座战船前往爱琴海某处会见波斯阿契美尼德王朝指挥官法那巴佐斯和奥托夫拉达提斯，要求波斯提供金钱和军备来对付马其顿王国，不巧，波斯在伊苏斯之战大败的消息传来，使得波斯无法提供大量的资助，仅仅留下30塔兰同（作为货币单位时指1塔兰同重的黄金或白银，一些权威学者估计罗马人衡量贵金属所用的塔兰同的实际质量大约在20至40千克之间）和10艘战船给斯巴达，而亚基斯三世先派遣其弟阿格西莱前往克里特岛，尽可能争取当地人站在斯巴达这一方。后来，这些措施获得显著成功。

聚集了伯罗奔尼撒半岛上所有对马其顿王国抱有不满的人，并煽动他们奋起反抗。因此，将沿海一带的其他地区控制在手中仍然具有非常重大的意义，尤其是要拿下埃及。当然，这种战略观点也可能与亚历山大的其他动机和考量缠绕在一起：埃及是一个令人敬畏的国度，希腊人对其古老而又极富深意的文化深感钦佩。这个国家的宗教、文化和圣地都值得特别关注。因此，前去参观一番也未尝不可。此外，亚历山大可能还有着相当清醒的经济规划：毕竟，作为黎凡特地区乃至世界贸易的重要中心之一的推罗城已经被毁了。从亚历山大港（Alexandreia）的建立我们可以看出，亚历山大早就在心里打好规划经济路线的算盘了。

无论如何，在亚历山大大军一路南下的过程中，他们最初没有遇到任何阻力，直到他们到达加沙（Gaza）。加沙城是腓尼基城镇旁的一个重要转运点，经常被用作重要商队路线的最后一站。加沙城里的人拒绝屈服。如同底比斯与推罗城，亚历山大按照杀鸡儆猴的无情逻辑对加沙城内的居民实施了屠杀和奴役的惩戒。至此，在通往埃及的道路上，再没有人能阻挡亚历山大了。

4 埃及、亚历山大港与锡瓦绿洲

波斯的统治从未在埃及真正站稳脚跟。人民爆发起义是常事，特别是在下埃及与尼罗河三角洲之间的混乱地区。公元前4世纪，埃及在自己本土统治者的带领下完全独立了。然而，大约在亚历山大到来的10年以前，埃及又一次被波斯人所征服。据说，阿尔塔薛西斯三世在这次征服埃及的过程中备尝辛苦，而且他对于埃及人的宗教信仰不甚重视。而亚历山大的做法则正好相反。当波斯总督自愿将这里转交给他时，亚历山大完全遵从传统的统治者——法老——应有的礼仪规制，向埃及诸神表示敬意：在下埃及的都城孟菲斯（Memphis），他祭祀了公牛神阿匹斯（Stiergott Apis），并下令恢复上埃及中心卡纳克（Karnak）和卢克索（Luxor）的所有神庙。显然，亚历山大遵循了当地的基本传统。

因此，埃及的统治阶级，特别是大神庙的祭司们，都同意将亚历山大视为埃及的统治者。由此，亚历山大正式成为埃及法老，并且很有可能是按照真正埃及法老的传统举行了登基仪式。同时，属于统治者的所有职责也都转交给了亚历山大，即对国家及其臣民的关怀，履行宗教义务，以及完成行政和司法任务。根据埃及人的观念，这些都是维护世界秩序、孕育生命，特别是维持尼罗河赐福之水的涨落循环所不可或缺的。除此之外，亚历山大还被视为最高神——"众神之王"阿蒙—拉（Amun-Re）①——的儿子，天赋神力，受人尊崇。

亚历山大对埃及的管理安排也考虑到了自己受人尊崇的身份。由于他自己本身就是统治者，所以他不再另兼省长身份。作为他的副手，传统的本土行政管理和祭神事务就交到两位埃及贵族的手中（分为上埃及和下埃及）。国防、财政和外贸的组织工作则交由马其顿和希腊人

———————————

① 阿蒙是底比斯的主神，拉是古埃及神话中的太阳神。在底比斯成为全埃及的都城后，太阳神拉的名字与阿蒙的名字结合起来，特别是在作为"众神之王"的时候。

负责。在此期间，最重要的人是来自诺克拉提斯（Naukratis）的克里昂米尼（Kleomenes）。在埃及宣布独立的最后这几个世纪里，法老们已经在很大程度上依赖着这些外国人、雇佣兵和商人。希腊人在其中起到了非常重要的作用。诺克拉提斯是希腊人在尼罗河三角洲东部的一个定居点，借由这里，埃及法老与其他国家进行经济往来。最重要的是，亚历山大把财政和经济管理方面最重要的职务都交给了克里昂米尼。这个出身于诺克拉提斯的希腊人极其精明，短短几年内，他就基本上将埃及控制在了自己的手中。

在逗留于埃及的这段时间里发生了两件大事：修建亚历山大港和远征锡瓦绿洲（Siwa）。我们会发现，两件事中的任何一件以及这两件事之间的联系都极富亚历山大的个人特色，后者更是一项虽然异想天开，却又最为理想的经济与城市规划。公元前 331 年初，在尼罗河三角洲的西部，在荷马书中曾提到过的法罗斯岛（Pharos）对面，亚历山大修建了这座以他的名字命名的城市。它坐落在一条细长的山脊上，介于内陆湖泊和大海之间，即与尼罗河和地中海相连，既面向埃及，又面向世界。亚历山大港的建立主要是为了造就一个大型贸易和转运中心，这样，不仅商人和消费者可以来此经营、交易，王室也可以从中获益。建设亚历山大港正是亚历山大交给克里昂米尼的一项重要任务。在推罗城和加沙城被毁之后，亚历山大亟须建立一个新的中心城镇。规划的合理性也决定了整个建筑群的结构：选址，按照希腊城市规划绘制地区图，委托一流的建筑师和水利工程师进行建设。一切都在井井有条地进行着。

当然，进行这一商业项目还有另外一个好处，那就是提升君王的声誉——这座城市将亚历山大的名字带向了全世界。这将是一个可以与希腊人的城邦媲美的真正的城市。它不仅接纳所有游离在外的希腊人与马其顿人，同时也赋予埃及人、叙利亚人、犹太人等其他群体以空间和公民权利。本质上，亚历山大港能够实现自治并自给自足。正因为如此，亚历山大在这里采用了城邦式的政治制度。在接下来的征程中，亚历山大经常采用这种因地制宜的治理手段。对之后几个世纪的发展和希腊文明的扩张来说，这种将国王和城邦结合起来，将君主统治和原则上的自治意识结合起来的殖民手段意义非凡。

在由法老统治的埃及，古老的利比亚神谕已经在锡瓦大绿洲中流传了很多个世纪。埃及人把它和他们的阿蒙—拉神联系在一起。因此，这些神谕对他们的王室意识形态和法老的登基仪式来说具有非常重大的意义。从图特摩斯三世（Thutmosis III）与他的妻子哈特谢普苏特（Hatshepsut）开始（公元前15世纪），阿蒙—拉神就在其位于上埃及的底比斯的神庙中为新任统治者颁授神谕。在锡瓦神谕所中，类似的事情也开始流传：神用"点头"的方式传达自己的旨意，也就是通过移动带有他自己符号的神车来表示。此外，绿洲中的这座神谕所也受到了希腊人的极度尊重。自公元前6世纪起，它的名声就从位于北非的古希腊城市昔兰尼（Kyrene）传入了希腊世界。早在公元前5世纪，锡瓦神谕就被认为是最可靠的，它在人们心中的地位与德尔斐的阿波罗神谕和多多纳（Dodona）的宙斯神谕旗鼓相当——它完全被吸纳进了希腊式的想象视野之中。据说，神话中的大英雄赫拉克勒斯和珀尔修斯（Perseus）也曾来到此处求取神谕。希腊人将锡瓦神谕所中的神等同于他们自己的最高神宙斯：这位神被赋予了与宙斯相似的别名，并在造型上也采用了宙斯的元素，他就是耳朵上长有公羊角的宙斯—阿蒙（Zeus Ammon）。

鉴于亚历山大迄今为止对各种文化中的神灵所表现的崇敬之情，他拜访锡瓦神谕所的举动不足为奇。于情于理，我们都很容易解释这一点：一方面，作为埃及的新任统治者，面对神谕时的明智之举只会对他树立形象有所裨益；另一方面，作为希腊文化中的一员，他对于神谕的求取之心和对宙斯—阿蒙的虔敬也是显而易见的。这些理由大概就可以充分解释亚历山大这趟前往锡瓦绿洲的征程了，哪怕经历了沙漠中的长途跋涉，哪怕真正的对手还坐在美索不达米亚准备着下一场战争。

事实上，这一举动涉及其他更为深远的含义，而亚历山大早已考虑到这一点，并通过行动呈现给我们了：远征锡瓦绿洲完全就是一场极具象征意义的行动，专门上演并展示给外界，就如同征战亚洲一样。同时，亚历山大对埃及文化中对待统治者的官方礼仪也有着足够的了解，知道自己在锡瓦会被称呼为"阿蒙—拉神之子"。事实上，这只是埃及的神官对所有统治者的尊称。但是，如果将这个称呼翻译到希腊人的文化视野中，"宙斯—阿蒙的儿子"就如同希腊最高神的儿子，那就是赫拉克勒斯啊！再加上这一称呼的来源是为希腊人所大加尊崇的锡瓦神谕所，经由人们口耳相传，这样一来，亚历山大的名望必能轰动一时。

还有一方面是对于神谕的求取，这对亚历山大未来的统治来说非常重要。然而，对于具体询问的内容、神的回应以及祭司们的解释，亚历山大一概保密。但他应是从神谕中看到了某种对于自己即将征服世界的确认。不管怎么说，后来亚历山大确实听从了锡瓦的神谕，在他认知中的世界的尽头——印度洋——进行了祭祀。如果这种解释是正确的，那么亚历山大在这时候就应该已经下定了统治世界的决心。

远征锡瓦绿洲这一举动所展现给希腊世界

的景象始终充满着惊异与奇妙的元素。据传言，小亚细亚早有神谕预示了这一点。历史学家卡利斯提尼更是不惜笔墨，用他所掌握的一切修辞手段描绘了这一路上所遭遇的困难与发生的奇迹。很快，这个主题就成了一个文学母题而自成一派，尤其是关于亚历山大的诞生的话题，即神与母亲间的关系。许多故事开始流传起来。不管下笔之人是否抱着阿谀奉承之心——毕竟关于宙斯生育的各个神话英雄的故事已经脍炙人口——从这个层面上说，马其顿国王现在也已经和英雄们比肩了。

然而，远征锡瓦也有可能并不仅仅是一种为了彰显统治权的做派，它应当也是显示亚历山大自我英雄化的另一个象征要素。我们有理由推测，相比于政治利益，事实上，是亚历山大的个人意愿更为强烈地驱使着他前往锡瓦。在神谕与他的人格之间存在着某种特殊的联结，在这个意义上，一个重要的神殿对他来说就不能被简单地当作工具或手段了。在传统解释中，学者们认为"渴望（pothos）"才是亚历山大远征锡瓦绿洲的动机，这个词总是在涉及亚历山大那极度个人化的野心时出现。在挚友赫费斯提翁死后，亚历山大希望锡瓦的神谕所将其列为神祇。更重要的是，他希望自己也能葬在那里。由此我们可以看出，亚历山大对于神庙有着非常个人化的青睐，这样看来，一些看似极度英雄主义的举动就不仅仅是一种作秀，本质上，它是亚历山大自我认知的某种影射。对他来说，神话世界和自己所生存于其中的世界之间的界限显然已经变得模糊不清了。在特洛伊的时候，他就已经在自己与神话之间建立起了联系。如果某个人不仅是赫拉克勒斯和阿喀琉斯的后裔，而且还和他们一起生活、与他们竞争，那么，这个人就会觉得自己就是英雄和半神，并希望为此征求到备受尊敬的宗教权威的确认。那些我们所难以置信的行为绝不能因为普遍的观念而被简单地唾弃，在特殊情况下，它们有可能被人所理解。如果我们能从这样的角度改变我们看待问题的心态，即便还是有些难以适应，但是我们会发现，先前我们对于理性和非理性行为所作出的非黑即白的判断，就会突然变得值得推敲，进而，"清醒的城市规划者"与"超凡的神之子"这样看似矛盾的双重身份，也就不再显得那么冲突了。无论是修建城市，还是求取神谕，亚历山大在埃及所做的这一切都是符合他的个人逻辑的。

5　决战

公元前 331 年 4 月，亚历山大离开埃及，向着波斯帝国的中心举兵进发。经由推罗和贝卡谷地（Bekaa-Ebene），大军到达幼发拉底河。现在有两条继续行军的路线可供选择：其一是顺着幼发拉底河到达巴比伦，再到苏萨（Susa），其二是可以越过美索不达米亚北部的大草原到达底格里斯河，再从那里沿着波斯御道 ① 南下。第一条路很可能被封堵了——叙利亚和巴比伦总督马扎亚斯 ② 破坏了沿路的收

---

① 波斯御道由波斯皇帝大流士一世建于公元前 5 世纪。大流士修筑此路的目的是促进他的庞大帝国境内从都城苏萨到萨第斯的交通。在御道上，波斯信差可以在 7 天内走过 1677 英里（约 2699 公里）。古希腊的历史学家希罗多德写道："这个世界上再没有什么东西比这些波斯信差还要走得快了。"

② Mazaios（？～公元前 328 年），波斯阿契美尼德王朝的贵族，先前曾担任奇里乞亚的总督，后来奇里乞亚被交给阿萨米斯管理，马扎亚斯转任巴比伦总督。

成和补给站。当然，也可能跟这个理由一点关系也没有，我们的亚历山大就是想要选择那条穿过亚述（Assyrien）的艰难之路，因为他知道，底格里斯河以东的对手正在等着他，因为他也和对方一样，对二人间的再次交锋迫不及待了。

事实上，大流士也确实是对这场对战摩拳擦掌很久了。自从逃离伊苏斯后，他花费了大量的时间组建了一支比伊苏斯之战时规模更庞大的军队。无论是他自己作为统治者应有的自觉，还是他的臣民与追随者对他的期望，抑或是面对侵略者时骑士般的英勇姿态，大流士已经把一切安排得明明白白。在大流士的军队中，构成军队核心的不仅有来自东伊朗（Ostiran）各部落，尤其是来自巴克特里亚（Baktrien）①和

---

① 巴克特里亚是一个中亚古地名，主要指阿姆河以南，兴都库什以北地区。古希腊人在此地建立希腊—巴克特里亚王国，中国史籍称之为大夏，但巴克特里亚在张骞到达时已不复存在。据西方历史学家记载，大夏为"Dahae"，与西方的达契亚部落为同一支，汉朝记载的大秦也为大夏或达契亚，此地一说为吐火罗。

索格底亚那（Sogdien）^① 的能征善战的骑兵，还有来自东安纳托利亚、中伊朗和米底（Medien）的骑兵。此外，大流士还准备了一种特殊的武器——"刀轮战车（Streitwagen）"，这种特制战车在两个车轮的轮轴尾端装备了镰刀，以对付敌人的骑兵。另外，大流士还找来了印度战象和骑马的斯基泰弓箭手。还有皇帝的波斯卫队、数量仍旧可观的希腊雇佣兵和（尤其是来自巴比伦尼亚的）帝国臣民部队组成的步兵。这支庞大的军队仅骑兵就有 4 万人左右，步兵大概有 20 万人。

最重要的一点是，大流士精心挑选了作战场地，将其设在埃尔比勒城（Arbela）附近的高加米拉大平原，这对于庞大的骑兵队伍和刀轮战车的施展极为有利。而且，光是占据绝佳的地形还不够，大流士还命人在马其顿骑兵靠近波斯的进攻道路上设置了一些障碍。这可谓是

---

① 即粟特，中亚古代民族，生活在今阿姆河和锡尔河之间的泽拉夫善河流域，今属乌兹别克斯坦，部分在塔吉克斯坦和吉尔吉斯斯坦，受游牧文明和农耕文明影响，由大小不一的绿洲国家组成，常臣属于外族，属于商业民族，控制了丝绸之路上的贸易。

作足了准备。此外，他还吸取了之前与亚历山大的作战经验，在左翼，也就是上一次亚历山大领兵冲锋的地方安排了最精锐的部队——由总督贝苏斯（Bessos）统领的巴克特里亚骑兵和索格底亚那的骑兵。这位贝苏斯出身于波斯阿契美尼德王朝的贵族阶层，而且是大流士三世的亲戚。巴克特里亚的东伊朗总督历来是波斯帝国仅次于大帝的第二高位。大流士本人则坐镇兵阵的中央，两边是他的卫队和希腊雇佣兵，前方是战象和刀轮战车，后面是来自巴比伦尼亚的臣民后备军。总督马扎亚斯在兵阵右翼统领来自中伊朗、米底和东安纳托利亚的同样能征善战的骑兵。

穿越了草原之后，亚历山大得知大流士的军队已经在前方集结完毕。他接受了这场宣战。他手里有大约 7000 名骑兵、1 万名伙友步兵、3000 名持盾步兵、2000 名弓箭手和投石兵以及 2 万人的其他步兵队伍（希腊雇佣兵和同盟军、伊利里亚人和色雷斯人组成的轻装部队）供他支配。与波斯军队相比，亚历山大军队的人数少得可怜。因此，亚历山大还是按照同伊苏斯之战相似的方式排兵布阵：他本人率领伙友骑兵位居大军的右翼，中央及左翼依次是由老将帕曼纽率领的持盾卫队、伙友步兵和色萨利骑兵。此外，鉴于敌军凭借人数上的优势可能采取包抄战术，亚历山大在兵阵的最外侧额外安排了轻装部队，以便在战局中应对各种突发状况，同时，在第一道阵列后面，亚历山大还布置了由希腊重装步兵组成的第二道阵列，他们位于阵列的中央，可以从另一个方向应战。这样的布局方案使得马其顿大军可以进行全面防御。

公元前331年10月1日的早上，随着亚历山大率先带领骑兵朝右边移动，这场大战正式打响。很快，波斯军两翼的骑兵上前对马其顿军队实行包围战术。尤其是马扎亚斯麾下的右翼骑兵的进攻迫使帕曼纽陷入苦战，而贝苏斯则试图从外围包抄亚历山大的骑兵。然而，马其顿的骑兵抓住了波斯左右两翼间暴露的缺口，在亚历山大的带领下，一路杀向大流士所在的波斯军正中心。大流士再度抛弃他的军队，仓皇逃跑。亚历山大没有追击他，因为他必须赶去援助另一翼的帕曼纽大军。另外，一些企图掠夺马其顿大营中的辎重部队的伊朗骑兵也据守在这边。尽管落荒而逃的大流士可能会试图纠集波斯帝国东部各省的部队组织下一步的抵抗，但我们都清楚，现在，伊苏斯的胜利得到了确认，一切都已经尘埃落定了。

在高加米拉战场上，高喊着"亚洲之王"的马其顿士兵们簇拥着亚历山大。这一称呼既是对大战之前在达达尼尔海峡飞掷长矛所诺之言的确认与达成，也是对伊苏斯之战后的谈判姿态的强调：亚历山大战胜了波斯帝国，为希腊人赢得了"亚洲"。通过军事手段而取得胜利，这完完全全是亚历山大的统治作风。但是，亚历山大将这场军事胜利渲染成了一场具有浓厚的泛希腊化色彩的胜利：他宣布了暴虐统治的终结与希腊城市的自由，并下令重建普拉提亚（Plataiai）城，因为这座城市的祖先曾经捍卫过希腊的自由。亚历山大还将部分战利品送往南意大利的克罗托内（Kroton），因为在那里有一个名叫法伊洛斯（Phayllos）的希腊人曾用一艘船加强了萨拉米斯的希腊舰队。这种对希波战争、伊奥尼亚起义、萨拉米斯战役和普拉提亚战役的胜利（公元前480/479年）的回忆，以及这种按照希罗多德的说法，与征战亚洲所希望表现的象征性姿态殊途同归。至于亚历山大想要借之展示的姿态究竟是什么，在他"亚洲之王"的称号中已经表露得很明显了。故事在一开始就已经写好了完美结局。通过统治波斯帝国，我们可以说，亚历山大终于取得了希波战争的胜利。作为科林斯同盟的霸主，亚历山大在各个方面都取得了成功。但是，战争并未彻底结束，这位新的亚洲之王需要继续向世人证明，他将如何实行自己新的统治。当然，机会很快就出现了，原因是亚历山大在高加米拉战役中放走了大流士三世。亚历山大继续南下，向波斯帝国的都城进军。

6 巴比伦、苏萨和波斯波利斯

巴比伦是世界上最著名、最受敬仰的中心之一，这座城市以其高耸的庙宇、巨大的城墙和城门以及清晰的街道布局，在某种程度上被誉为传统东方文化瑰宝的代表和继承者。在巴比伦，国王是神灵在人间的代表，是整个世界的主宰，这种观念可以追溯到公元前 3000 年，它塑造了这座城市的面貌，并在历史中留下了深深的烙印，人们至今仍然能够感受到它。大约 200 年前，当波斯人征服巴比伦时，他们欣然让自己融入这一传统，因此在最初的一段时间内，他们对这座城市及其神灵，尤其是主神马尔杜克（Marduk）非常虔敬。但自从薛西斯一世继位后（公元前 486 年～公元前 465 年在位），这些宗教建筑及宗教崇拜就被统治者忽视了。在阿尔塔薛西斯二世时期，情况有所转变。但是巴比伦民众，尤其是迦勒底祭司中的精英群体（chaldäische Priesterelite），对波斯帝国的统治几乎不抱有任何的好感。由此，就像埃及人一样，巴比伦人对于一位新的统治者几乎是抱着巨大的期待。这一点是显而易见的。与此相反，人们可能会大为震惊的是，刚刚参加过高加米拉战役并在战役中统帅右翼大军的波斯总督马扎亚斯，也向亚历山大投诚了。

　　就这样，亚历山大在未遇到任何阻力的情况下，在巴比伦的大门前接受了波斯总督与巴比伦民众的归顺之礼。随后，像迎接一支凯旋的队伍一般，在一片欢乐的海洋中，巴比伦人民欢呼着将亚历山大接入这座享誉世界的城市。和在埃及一样，亚历山大很快就下令修复那些被人为损坏和年久失修的神庙，并向各个神祇献祭，特别是向伟大的马尔杜克。亚历山大同样欣然置身于当地的传统之中，并向人们展示了什么才是一个统治者真正应该做的。新的"亚洲之王"坚持贯彻了自己一直以来的统治准则：作为统治者，各种传说伴随着他，而他所做的事情又被人们口口相传。这样做不仅有利于获得必要的认同，使新统治更好地合法化，而且从纯粹的实践角度看，这种做法也是必要的：如果一个人的手里只握有大约4万兵力，他的指挥部也仅有零星几个人，再加上他的梦想不光是行军穿过一个庞大的帝国，而还想要将这个帝国据为己有，那么他选择上述这种统治之道便是毋庸置疑的。这也是最简单的一条路，波斯帝国的缔造者居鲁士①的做法在原则上也并无不同。

于是，在马扎亚斯归顺后，亚历山大仍令他担任巴比伦尼亚总督。在其他地区的总督做出相同的效忠举止时，亚历山大也下达了相同的命令，将他们继续封为各地总督。马其顿的军官手中只握有控制留在各省区内的军队的军事指挥权。

直至来到巴比伦，亚历山大才对统治东方各国这一概念有了更加深切的体会。三千年来，所有统治者的欲望清单中都赫然显示着统治世界这一项。然而，长期以来，人们已经习惯于不再从字面上使用这个词，而仅仅是从名义上理解它们。最初的阿契美尼德人曾使这一念头重新焕发光彩，但很快再一次被人们漠视。然而，对于

---

① 居鲁士二世，即居鲁士大帝，波斯帝国创建者，阿契美尼德王朝第一位国王（公元前549年～公元前529年在位）。在其统治下，波斯帝国不仅囊括了古代近东的所有文明国家，还包括了西南亚大部分地区以及中亚和高加索的部分地区，从西边的赫勒斯滂延伸到东边的印度河，是前所未有的最大帝国。居鲁士大帝的称号全称为"大帝，波斯国王，安善国王，米底国王，巴比伦国王，苏美尔和阿卡德国王，四方之王"。他还通过居鲁士圆柱宣布了可能是历史上第一份重要的人权宣言（约在公元前539年到公元前530年之间）。

亚历山大来说，统治世界是一个非常具体的目标。很有可能早在公元前334年春天的那场祭祀仪式上，这个念头就已经在亚历山大的脑海中浮现了。伴随着成功的经验与对其他传统的不断了解，这个念头从一个空洞的想法逐渐转变成了一个真正可以加以实施的计划。在这条道路上，巴比伦是一座重要的里程碑。亚历山大越来越沉浸在统治东方的谋划中，他的举止也越来越像一位东方的统治者，并且他也非常认真地对待这一切。但是，在"亚洲之王"这一尊贵的头衔之中依然存在着某种张力：亚历山大究竟是征服者，还是继任者？对于传统的尊重究竟是掌权者的策略，还是统治观念的体现？

公元前331年12月，和巴比伦一样，古埃兰王朝（das elamische Großreich）的都城苏萨也落入了亚历山大之手。它和波斯波利斯（Persepolis）、埃克巴坦那（Ekbatana）并称为波斯帝国的三个事实上的都城。每当冬季来临，历任波斯皇帝都会迁居苏萨。同时，这里还储藏着皇室财富中最重要的部分，也就是传说中的皇室珍宝馆，馆中陈列着无数的奇珍异宝，大部分是由贵金属制作而成的，而这些贵重金属则都是作为贡品或礼物献给皇帝的。现在，这一大笔财富被亚历山大收入囊中了，并且在随后的几年里，亚历山大逐渐将它们从炫耀权力和财富的媒介变成了正常的支付工具：他命人将贵金属熔化并铸造成硬币，用以资助战争。在随后的几年里，货币数量的巨大增长给整个地中海东部世界招致了严重的经济后果（通货膨胀），但同时也为经济上的希腊化奠定了基础。

然而，在苏萨，亚历山大还如同作秀一般地登上了阿契美尼德人的王位。这又是一个极具特色和内涵的象征性行为。从"投掷长矛"到"踏上亚洲的纵身一跃"再到"高加米拉战役之后加冕为亚洲之王"，如果比对之前的这种路线，我们就可以理解现在亚历山大的所作所为了。毕竟之前的亚洲之主曾是苏萨的大帝。而现在，亚历山大用看似简单的举动，意味深长地走到了他的位置上。然而，刚刚我们提到过的矛盾依然存在：亚历山大是在什么意义上替代了之前的亚洲之主呢？是作为飞掷长矛一跃而下的征服者，还是作为一个自以为是的继承者？

下一个目的地是波西斯地区（Persis），也就是现在的法尔斯（Fars）①，这里是波斯人部族的真正故乡。波斯波利斯作为帝国的都城就矗立在这里。自大流士一世②以来，波斯历任帝王都致力于修建波斯波利斯内的宏伟宫殿。除了具有行政功能之外，这里主要被用作举行仪式和典礼的场所：在大殿之上，君主国举行极富宗教色彩的仪式，以恢宏的方式呈现帝国繁荣昌盛的景象。从宫殿的浮雕上，例如石头上所定格的各国使节朝贺和纳贡的场景，我们可以领会到臣民对于大帝的顺从与忠诚。在距离波斯波利斯约 6 公里远的纳克什－伊－鲁斯塔姆（Naqsh-i-Rustam）坐落着古波斯帝国王陵，

① 法尔斯泛指古波斯南部的广阔地区，涵盖现今法尔斯省及附近其他省份。它是古波斯人最初定居的地方，亦是阿契美尼德王朝及苏萨王朝的中心所在。
② 即大流士大帝（公元前 550 年～公元前 485 年），公元前 521 年～公元前 485 年波斯阿契美尼德王朝君主。大流士一世历经多年平定各地叛乱，在国家稳定后颁布了法典，向各省派遣军事长官和财务长官。他重视王国的情报网络系统，以此监督地方官员，并直接确定和收取各省税额，加强中央集权。在商业上，大流士改革税法，调整度量衡和货币，并鼓励通商，积极探索海上通道，凿通了红海和尼罗河之间的运河，派遣卡里安达的西拉克斯探寻印度河入海口，促进了各省商业繁荣。

自大流士一世以来，历代波斯皇帝都埋葬在这里。这不仅是卓越王权的象征，更是合法的延续性所在。

在高加米拉战役之后，亚历山大第一次在前进的道路上遇到阻碍：在从苏萨向波西斯行进的途中，他先是不得不和一个山地部落打交道①，解决这件事后，他又发现通往波西斯中心地带的通道，也就是北部山区的波斯门（Persische Pforte）被一支波斯部队封锁了。亚历山大找到了一条可以通到波斯部队阵地后方的小径，将敌军打得落花流水。尽管没能成功守住波斯门，但这些抵抗也表明了波斯人绝不愿意将自己的城池拱手相让。不过，很快地，他们就不得不向亚历山大的实力低头了：公元前330年1月，波斯都城的指挥官投降，将波斯波利斯城献给亚历山大。有了过去几个星期的经历，亚历山大以统治者和征服者的身份来到波斯波利斯，并下令让士兵们将这里掠夺

---

① 亚历山大大帝在夺取苏萨后继续朝东进军，山地部落乌克西亚人（Uxian）向亚历山大索要过路费，这项过路费在波斯诸王时期就有缴纳，然而亚历山大拒绝缴纳并在乌克西亚峡谷战役中以武力征服了他们。

一空。

但这并非代表着亚历山大的统治政策发生了变化。事实上，亚历山大依旧确认了这里和附近总督区的波斯总督的身份地位，并显而易见地将马其顿军事指挥官安插其中。此外，亚历山大还去了距离波斯波利斯不远的波斯最早的都城帕萨尔加德（Pasargadai），通过寻访位于此处的居鲁士大帝的宫殿和陵墓，亚历山大表示了自己对于这位波斯帝国缔造者的尊敬。

亚历山大在法尔斯和波斯波利斯停留了几个月。在这里，他收到了他的监国安提帕特在与国王亚基斯三世带领的斯巴达人的对阵中取得胜利的消息。后者曾在伯罗奔尼撒半岛与马其顿人作战，并得到了来自其他希腊国家的支持。然而，这些抵抗之举都已经太迟了，亚历山大所率领的百胜之师已经不会再为这些小风小浪受到哪怕一点点影响。

公元前330年5月，在离开波斯波利斯之前，亚历山大亲自率领一众亲信将波斯波利斯内的宏伟宫殿付之一炬。对于这一行为的动机和背景，我们只能进行猜测了。官方的解释是，这是为薛西斯在希波战争期间（公元前 480/479 年）烧毁雅典卫城一事复仇。这个解释乍一看确实能说得通，亚历山大总是为自己的行为打上复仇的旗号，而这些示威性的行动也必然且能够证明这一点。另外，对宫殿本身的考古发现表明，殿内的一些珍贵的装置显然在被毁之前就已经被有条不紊地转移走了。这一切都表明，这场大火是一次有预谋的行动。

但是，古希腊时期的评论者们却很难真正理解亚历山大这一举动的意义。而我们却可以理解这一点，因为相似的示威性的行为已经发生过了，最近一次是在高加米拉战役之后。最重要的是，亚历山大已经不再首先把自己当作希腊复仇战争的领导者，而是作为一个波斯帝国的统治者——我们早已清楚地看到了这个转变；他尊重波斯的统治传统，就像他上次在居鲁士墓中所表现的那样。这种立场与纵火的破坏性行为相矛盾。而且在亚历山大攻占波西斯后，那里的居民已经经受了示威性的惩罚。于是，人们又继续寻找合理的解释，结果却依然不尽如人意。而另一方面，考古学的观察研究也提供了其他解释的可能。因此，人们只好选择接受这些历史学家留给我们的信息，即使它与亚历山大的一些理念和行事逻辑并不相符：这起纵火事件是一起酗酒后的事故，当时正值马其顿领导层的会饮，大家像往常一样喝得酩酊大醉，一位年轻将军的情妇煽动了这次纵火行动，这位情妇是雅典一个著名的赫塔拉（Hetäre）①。人们在事后可能会把这起事件视为一次官方的报复行为，但这一切都与亚历山大的统治思想没有任何关系。

7　对手的继任者

然而，与大流士之间的战争还没有结束。公元前 330 年的 5 月或是 6 月，亚历山大动身朝着米底王国的旧都埃克巴坦那 [今哈马丹（Hamadan）] 的方向进军。这里是波斯人传统的发源地，同时也是历代皇帝的行宫（尤其是

---

① 古希腊社会对于妓女的称呼，她们接受良好的教育，并学习音乐和舞蹈。在会饮上陪酒的成年女性大多是高价位的赫塔拉，她们其中的一些人是有成就的音乐家，有些人亦十分富有，甚至为公民改革提供资金。雅典政治家伯里克利的情妇阿斯帕齐娅（Aspasia）也被视为赫塔拉。

在炎热的夏季）。亚历山大穿过扎格罗斯山脉（Zagros-Gebirge）和东边沙漠、草原之间的狭长地带，继续向米底中心推进。而大流士则逃到更东边去了。他将希望完全寄托于东伊朗部落，尤其是巴克特里亚和索格底亚那的骑兵，他期待自己能重建一支抵抗力量，与亚历山大决一死战。当然，他可能还指望着亚历山大能够满足于他已经取得的这些成就，别再继续向遥远、偏僻的亚洲内陆入侵了。

但是亚历山大才不会理会旁人的心思。从他企图未损一分一毫便将埃克巴坦那收入囊中这一心理，我们便早已能够领会这一点。同时，他正式解散了希腊同盟军的部队，并随后将其纳入自己麾下的雇佣军部队。在攻占了波斯帝国的最后一个都城之后，这场"希腊式"的波斯战争自然而然地画上了句点，这一"希腊化"美名曾是腓力二世用来提高世人对自己的接受度，从而稳定他对希腊的统治并使之合法化而采取的政治策略，如今却早已渗透到了其他领域。亚历山大向世人宣告了这一点。他不再故步自封、局限于这一政治策略，而是企图放长线、钓大鱼，将这一策略向更高、更远处推进。基于此，他将埃克巴坦那设为自己与大后方建立联系的战略中心，如此，埃克巴坦那和雷伊城（Ragai，距离今天的德黑兰不远）[①]之间的路段便如同马其顿王国的一个枢纽，只有在这里，那带有古老东方传统色彩的西部地区和东部所谓的上总督区才有了交叉点。而马其顿的补给也必须且应当经由这里运输。因此，帕曼纽这个在马其顿身份地位仅次于国王亚历山大的男人被派来镇守这里，负责维护和保障马其顿的固有国土与至今所有被征服的领土间安然无恙，以及协调各个战斗部队之间的关系。而我们的亚历山大则显然在计划着更大的动作。

亚历山大并没有在这些组织工作上花费太多时间，他知道大流士的部队就在离自己不远的地方，因此，他现在只想率军全速追击，直奔波斯大帝的大本营。而大流士则最终选择了

---

① 也写作 Ray、Raya、Rhages 等，在语源上与古波斯语及波斯古经里的刺伽（Rhaga）有关，在《元史》等史书中被称为"刺夷"，是操伊朗语的米底人及阿契美尼德人的活跃地区，约自公元前 6000 年已有人类居住。位于今伊朗北部，由德黑兰省负责管辖。

穿过位于厄尔布尔士山脉（Elburs-Gebirge）与波斯盐漠（Persische Salzwüste）①之间的里海门（Kaspische Tore），继续向东退逃。这条路线恰恰处于我们刚刚提到的枢纽路段中最为狭窄的地带。而大流士再次放弃与敌人决战而选择继续逃跑的举动使得他在波斯帝国其余贵族和臣民的心中威望尽失。在伊苏斯和高加米拉的两场决定性战役中的双重失利已经严重损害了他的声誉，人们开始将责任归咎于皇帝个人的失败与失职。现在，波斯人认为他已经不再是国家和人民的捍卫者和守护者了，并且开始怀疑阿胡拉·玛兹达的庇佑或许已经离开了他。在如此紧张的气氛下，东伊朗部落的波斯贵族们以最富威望的总督贝苏斯为首，率先作出反应——他们囚禁了大流士。随后，贝苏斯取而代之，并得到了伊朗人的认可。亚历山大听闻大流士被挟持的消息，明白事态告急，连忙率兵火速追击。当马其顿追兵马上就要逼近波斯

---

① 即卡维尔盐漠，位于伊朗高原中部，总面积约为77600平方公里，从西北部的厄尔布尔士山脉一直延伸到东南部的卢特沙漠，沙漠内部盐沼广布。

部队时，两个挟持着大流士的波斯总督可能是担心大流士会把波斯帝国的统治权移交给亚历山大，从而使得亚历山大的统治地位合法化，又或许仅仅是为了阻止亚历山大继续追击以使他们二人能够安全撤离，这两位波斯总督刺伤了大流士。对于公元前330年7月的这一事件，阿里安如下记载道："然而，大流士在被刺伤后不久便因伤势过重而死，亚历山大也因此并未见到他最后一面。"

毫无疑问，这是世界历史上最具戏剧性的时刻之一：夺得亚洲乃至整个世界的统治权的胜利一方，站在他的对手的尸体面前。这场胜利以某种特殊的方式变得极富意义，却并未含有凯旋的喜悦之情；相反，那些以前已经显露的，却仍然有些晦暗不明、充满张力的东西，到了现在这一刻，终于完全明晰地展现在世人眼前了。当然，亚历山大本人也意欲使这一切拨云见日、水落石出。他接替了波斯大帝的位置，并宣称自己是波斯帝国的合法继承者。这条从达达尼尔海峡飞掷长矛的举动延伸到高加米拉大胜后的欢呼，再延伸到于苏萨城中登上波斯王位的事业线，这条从侵略者转变为统治者的战略线，在这里到达了它的终点。亚历山大下令按照波斯列王的仪仗为他的对手举办了隆重的葬礼，并将其葬于纳克什－伊－鲁斯塔姆的古波斯帝国王陵中。根据马其顿和波斯的统治权与王位交接的观念，在判断一个继任者是否具备延续该统治权的合法性时，最重要的一点就是这个继任者应该负责将前任埋葬。亚历山大做到了这一点。除此之外，我们很快就会发现，亚历山大还完成了另一个对于合法继任者来讲至关重要的任务：讨伐并严惩弑君者，为上一任统治者报仇。

并且在随后的时间里，亚历山大通过各种具体的方式（例如某些礼仪姿态）向人们表明他对自己的定位，即他始终不仅仅将自己看作马其顿的国王，而更是直接将自己视为波斯大帝。他继续运用政治和军事手段，尽可能地将波斯和伊朗的总督收入自己麾下，甚至越来越多地将波斯贵族中有头有脸的大人物拉拢到身边，成为自己的亲信和同伴。其中最重要的两个人是大流士的兄弟欧克西亚提斯（Oxyathres）和阿尔塔巴左斯（Artabazos）。阿尔塔巴左斯是波斯总督，直到大流士逝世前的最后一刻依然对其忠心耿耿。渐渐地，越来越多的伊朗特遣部队加入了马其顿大军，有大约3万名伊朗青年按照马其顿人的军制和军规进行战斗训练。

作为大帝的威严首先在礼仪方面显露。在穿着用度上，亚历山大特地沿用了波斯大帝的某些规制。在公共场合中，他有时穿着波斯大帝的御用华服，特别是头戴冠冕（那是一种缠在头巾上的缎带），还系着腰带和穿着希顿（Chiton）[①]，后者是一种具有一定设计感和功能性的轻薄长袍。此外，他还使用大流士的印章戒指。但是，无论是在穿着上，还是在印章戒指的设计上，他都还保留着马其顿的民族特色。亚历山大当然不单单是波斯的大帝，但他诚然也不再是专属于马其顿的国王。

[①]　一种典型的古希腊服饰，取大块完整的长方形面料，不作裁剪，直接用以包裹身体并在肩部固定，腰部用绳子束紧。希顿主要分为具有简朴、庄重的男性特征的多利安式希顿（Doric Chiton）和具有纤细、优雅的女性特征的爱奥尼亚式希顿（Ionic Chiton）。

于是，在与统治者面对面的交往礼仪中便出现了一个特殊的问题。按照波斯人的传统，皇帝与臣民之间存在着天壤之别。如果有人想要谒见皇帝，他就必须向其行跪拜礼（Proskynese）。在行礼之时，应当是根据等级的不同而进行不同程度的跪拜，并且还要在一定距离之外行亲吻礼——吻手礼。对于波斯人来说，采用这样的君臣礼制显然是一种对王室尊威的认可。然而，马其顿人上至达官显贵，下至贩夫走卒，每个人都将自己看作国王的伙伴和战友，他们可以随时会见国王而不必遵循什么特殊的礼仪规制，而且马其顿国王还会与他们之中的德高望重之辈进行一些虽然掺有仪式色彩，但终归还是毫无拘束感的交流座谈，例如会饮。根据马其顿人以及希腊人的观念，只有在处理与神有关的问题时才会涉及跪拜礼。而对人下跪则是奴隶才会做的。而希腊人也正是这样描述和理解波斯大帝与臣民间的关系的：统治者是一众野蛮人中唯一拥有自由的人，其他所有的人都是他的奴隶。而跪拜礼则正这种专制主义暴政的象征。由此我们可以体会到，当亚历山大妄图让马其顿人和希腊人也向他跪拜时，他的这些同胞会产生怎样的想法。亚历山大力图令马其顿与波斯二者的王室尊严相统一的大计，在这一点上发生了不可调和的冲突。尽管亚历山大仍然小心翼翼地尝试将跪拜礼纳入日常使用，但最终这个努力还是失败了。而恰恰是宫廷史官卡利斯提尼最为明确地表达了这一做法于希腊及马其顿视野下的不妥之处。亚历山大放弃了，但他要让卡利斯提尼明白，他惹恼自己了。

不过这些都是后来才发生的事情。总的来说，亚历山大还是慢慢地在波斯王室礼节与马其顿王室传统之间找到了一个平衡点。然而，伴随着大流士的死亡，亚历山大和他的臣民及下属之间立即又出现了一种清晰而崭新的境况——每一个人都清楚地认识到下述这件事：波斯大帝的死亡并不意味着这场浩大远征的结束。没有丝毫的证据表明这一想法遭到了马其顿军队中大部分士兵的坚决反对。事实上，在亚历山大所作出的一系列变革中，除了实行跪拜礼之外，他基本上没有听到其他任何反对的声音。如果人们只考虑之前所发生的事情的话，那这个无人反对的情况确实是出人意料的。因为这些马其顿人发现，他们的领袖亚历山大在打败了对手并且雷厉风行地将对手的统治权据为己有之后，竟然尝到了甜头而对接下来的征战与磨难更加抱有期待，这个时候，如果他们没有认为这个想法有问题，如果在军队中连一点点抗议的迹象都没有，那么，这显然就是亚历山大在很大程度上以人格魅力征服了自己的军队的最有力的证据。他不仅是他们的军王（Heerkönig）和领袖，还更是他们的偶像。

然而，在亚历山大身边的马其顿贵族圈子里，情况却不尽如此。因为相较于普通士兵来说，这些贵族能够更加深切地体会到亚历山大那些与日俱增的革新所带来的变化，也由此对其更加警惕。尽管他们之中似乎并没有人站出来直接对这些革新表示反对，但是这股愈加浓郁的不安必将在某个特定的场合显露端倪。在了解到这一历史背景后，也许我们就可以理解菲罗塔斯（Philotas）事件了。菲罗塔斯是帕曼纽的儿子。从出身和个人的家庭背景来看，菲罗塔斯可以算是极富威望之人，并且在马其顿军队中，他亦担任着与自己身份地位相称的职务：军队中最重要也是级别最高的部队——伙友骑兵——的指挥官。亚历山大曾经亲自率领伙友骑兵在战场上冲锋陷阵，菲罗塔斯则紧随其侧。在帕曼纽被任命留守埃克巴坦那后，作为他的儿子，菲罗塔斯完全有理由被视为国王亚历山大之后的第二人。公元前330年9月，在阿富汗西南部的德兰吉亚那（Drangiana）省，亚历山大聚集了马其顿军队众将领，宣判了对菲罗塔斯的处决：很有可能是在接受了酷刑拷问后，菲罗塔斯供认自己参与了刺杀亚历山大的密谋而被处以死刑。随后，亚历山大又立即派人杀害了帕曼纽。

这件事的背景尚不明晰，甚至连我们自己参考的信息来源都自相矛盾。军队中似乎一直流传着有人预谋刺杀国王的言论，但菲罗塔斯却并未将这些威胁看在眼中，并由此而始终不曾将诸如此类的阴谋告知国王。据说他还曾向自己的情妇夸耀，那些在战场上最终促使战役走向胜利的成功突袭其实都是他一个人的功劳。

但是，这一切都不能成为菲罗塔斯被如此处决的理由。最合理的解释应该是：菲罗塔斯身上汇集了马其顿领导阶层反对亚历山大统治的所有的不安因素。帕曼纽已经一而再，再而三地以一个谨慎而克制的劝告者的身份反对亚历山大这种过于广泛和迅速的扩张，而鉴于亚历山大亲伊朗的倾向，一些马其顿贵族可能会更倾向于支持帕曼纽这种更为保守的立场。在帕曼纽的支持者中，许多人与帕曼纽本人及其家族关系密切。在幕后似乎上演了一出权力斗争的戏码，而正如我们已经多次看到的那样，亚历山大对这些可能的前景的反应是迅速而无情的，并且是"杀鸡儆猴"般的惩戒式的：逆我者亡，这便是他向其他人发出的最为明确的信号。虽然这些都不过是猜测而已，但单是针对父亲的旧部的这桩卑鄙的谋杀就足以证明，这主要是一次维护政权的冷酷行动，毕竟除了与亚历山大的某些政见不合之外，帕曼纽从未有过任何不忠之举。因此，菲罗塔斯事件对于我们评判亚历山大来说尤为重要。同时，通过这一事件我们还可以看出，亚历山大对于马其顿部队乃至部队的高层依然有着很强的控制力。那些心怀不轨之徒由此受到了威吓，在统治阶层中，也依然是完全支持国王者占据上风。此外，亚历山大还越来越频繁地将自己的私人朋友提拔上来：伙友骑兵的指挥权被瓜分，亚历山大将其交给了他最亲密的伙伴赫费斯提翁和亚历山大的奶妈的弟弟克利图斯，后者曾在格拉尼库斯河战役中救过他的命，也与其私交甚笃。

8 中亚地区

在前文的讲述过程中，在大流士死后，事实上我们跳过了一些内容而直接描述了亚历山大那时的政策变化以及他对马其顿和希腊环境的影响。现在，让我们回到那个时间点。在亚历山大找到昔日对手的尸体后，他将其转交给大流士的母亲，并按照最高礼节将其厚葬。在这之后，亚历山大首先确保了里海以南的周边地区的军事安全，随后，他便开始对逃往巴克特里亚避难的贝苏斯展开直接追击。这时，贝苏斯已经自立为亚洲之主阿尔塔薛西斯

（Artaxerxes）。然而，在兴都库什山脉西南以及南部的一些大省，还存在着一些极其不稳定的因素——那里的总督是一些反对大流士政权的反叛者。由此，亚历山大不得不推迟追击贝苏斯的计划，转而首先通过军事手段将这些地区收拾得服服帖帖。在阿雷亚（Areia）、德兰吉亚那以及阿拉霍西亚（Arachosien）这三个总督区，亚历山大重新任命了大部分的总督，其中，阿尔塔巴左斯发挥了最重要的作用。他坚持原则，只在阿拉霍西亚（今坎大哈一带）任命了马其顿人梅农（Menon）为总督，在其他地方他都尽可能地将总督的任务交给伊朗人。

亚历山大又在这些地方建立了几座以自己的名字命名的城市，这些城市在今后引领了发展的方向，并且发挥了重要的作用，在战略和经济上，它们对于兴都库什山脉以西及以南的广大地区具有重大意义：位于哈里河（Herirud）① 中游的阿雷亚的亚历山德里亚［Alexandreia Areia，今赫拉特（Herat）］，

---

① 或译作赫里河，从阿富汗中部山区流入土库曼斯坦，下游名为捷詹河（Tedzhen），消失于卡拉库姆沙漠中。

阿拉霍西亚的亚历山德里亚（Alexandreia in Arachosien，今坎大哈）和位于喀布尔（Kabul）以北的高加索的亚历山德里亚（Alexandreia am Kaukasus）。亚历山大将退伍的老兵和那些已经不再具备十足作战能力的士兵安置在这些城市中，其中的大部分是希腊雇佣军，同时，这里也居住着这些地区的土著人民。毫无疑问，亚历山大如此安排并不仅仅是，甚至在第一要义上并非出于某种军事安全上的考量；与此相比，他更希望借助城市化的文明建设及组织规划发展出更大、更新型的空间。马其顿国王世世代代都在他们的国土上做着类似的事情。而这几座城市由于其自身良好的地理位置和经济资源而具有很好的机会独立发展，同时，它们也起到了稳定亚历山大统治地区的作用。由此，希腊城邦制的这种政体类型传播到了东方。

公元前329年春天，最寒冷的天气刚刚结束，亚历山大就踏上了翻越兴都库什山脉途中最为艰险的一段山路。在这里，军队忍受着寒冷和饥饿，在厚重的积雪路上艰难行军。鉴于贝苏斯已经撤退，位于兴都库什山脉与沙漠之间的巴克特里亚省区及其都城巴克特拉 ［Baktra，今巴尔赫（Balch/Balkh）］这一大片地区轻而易举地就落入了马其顿人的手中。这片地区向北一直延伸到阿姆河（古希腊语称 Oxos）。这时是公元前 329 年的 6 月，自他们离开波斯波利斯以来，大约一年内，亚历山大大军已经走了大约 5000 公里。

索格底亚那位于海拔高度超过 7 千米的中亚山脉以西。这个地区处于极其边远的位置上，与被誉为"世界屋脊"的帕米尔高原相接，并由源自这里的富饶河水所滋养。这里那些原本适宜耕种和畜牧业发展的地区逐渐被沙漠所掩埋。波斯帝国曾保护这里的农民免受来自沙漠和草原地区的游牧民族——斯基泰和马萨革泰（Massageten）部落——的攻击。这些游牧部落与伊朗人有着亲缘关系，也与他们保持着一定的联系。然而，在生活模式上，他们却与伊朗人迥然相异。来自他们的频繁的袭击给生活在索格底亚那地区的人们带来了持续的危险。长居于此的当地居民由尚武好斗且具有骑士精神的贵族阶级领导，这些贵族在波斯军队中扮演着重要的角色，也在巴克特里亚和索格底亚那的城市、城堡和庄园的内部形成了他们的势力中心。起初，贝苏斯得到了当地人民的支持，但是当人们发觉他已经无力击退朝阿姆河进军的马其顿人时，他被抛弃了，并最终被转交到了亚历山大的手中：被用缰绳牵到亚历山大面前时，贝苏斯浑身赤裸，脖子上戴着铁枷。亚历山大用鞭子抽打了他，并割下了他的鼻子和耳朵，将他押回了埃克巴坦那，召开一场波斯—伊朗贵族大会对其进行判决。对大流士的背叛者的复仇已经完成了。但是，按照马其顿的惯例，必须在一场大会上正式决定和宣布这一点。在这样做的时候，亚历山大一方面是波斯大帝，但另一方面，他又以明确的姿态表明，在他的统治观念中，波斯精英和他的马其顿追随者们平起平坐。他让这些波斯人在处决反叛者这一核心问题上拥有正式的发言权，从而强调了他们古老的封建贵族传统。

亚历山大几乎不费吹灰之力便拿下了索格底亚那，它的省会马拉坎达（Marakanda，今撒马尔罕）也落入了亚历山大之手。最终，马其顿人到达了药杀水（Iaxartes，锡尔河的古称），这条河清楚地标志着文明世界与荒蛮鞑靼之间的界线。在希腊人的认知里，他们现在所在之处就已经是世界的尽头了，毕竟在沙漠与群山之后只有俄刻阿诺斯（Okeanos）①——一片将可栖之地、人类世界（Oikumene)② 包围起来的汪洋大海。亚历山大在这里建立了城市绝域亚历山德里亚（Alexandreia Eschate），意为"最遥远的亚历山德里亚"，以此向世人证明自己到达了世界的尽头。绝域亚历山德里亚位于药杀水之滨、费尔干纳盆地通向西部沙漠草原的谷口处［苦盏（Chodschent)］。由于人们起初以为药杀水与塔内斯河（Tanais，即顿河）是同一条河，他们似乎看到了从这里通往已知世界的可能性，即通往迈俄提斯（Maiotis）与蓬托斯（Pontos），也就是通往亚速海与黑海的可能性。但是，亚历山大却被印度吸引了目光。

然而，他在一开始就遇到了阻碍。几乎轻

---

① 希腊神话中的一个泰坦，大洋河的河神。在大多数欧洲语言里，"海洋"一词的词源为俄刻阿诺斯的名字。

② 在古希腊、古罗马时代，Oikumene 指当时已知的整个有人居住的世界范围。

而易举便征服了巴克特里亚和索格底亚那的感觉是具有欺骗性的。不久，当地的民众，特别是巴克特里亚和索格底亚那的骑兵精英们便开始反抗新的统治。他们最主要的领袖是斯皮塔米尼斯（Spitamenes），他是他们骑兵队伍中的一员。由这群当地人煽动起来的叛乱是亚历山大迄今为止所面临的最困难的战役，他无法将敌人一网打尽。一方面，在这片土地上，在这无数的山脉与固定的城镇之中，聚集着众多的抵抗势力；另一方面，斯皮塔米尼斯在处于耕地之外的游牧民族的支持下，率领着骑兵中的一小队核心人马进行高机动性的游击作战。他一次又一次地躲过马其顿人的抓捕，在沙漠中隐匿自己的行踪。亚历山大完全没有机会与其进行大型野战。就这样，这场游击战一般的战争持续了近两年。

亚历山大针对敌人的作战方式采取了两种策略。他把自己的军队划分成几支完全独立行动的小队，并交由那些久经战阵的可靠的军官统率。现在，他们可以在小范围内进行联合兵种作战，并由此能够对敌人的机动性作出灵活的反应，从而越来越频繁地将敌人逼入防守状态。除此之外，亚历山大对陆续而来的各路抵抗势力都全然不留情面。一路上，他示威性地将那些被认定为坚不可摧的岩石堡垒一个个攻破，还袭击了药杀水对岸的游牧骑兵，为的就是让他们明白，自己对待他们的态度和方式可不像对待他们位于多瑙河下游的西方亲戚们那样友善。

但最重要的是，亚历山大要在政治上赢得这场战争。在此过程中，我们又一次见识到了亚历山大行为中的辩证性。对于那些确定的对手，亚历山大采取了最为残忍的手段大举屠杀，而对于那些从一开始或者在适当的交涉后便表露交好或忠诚之意的人，亚历山大便友好相待。公元前327年初，斯皮塔米尼斯被他的马萨革泰盟友杀害，他的首级被献给了亚历山大。不久后，最后一座岩石堡垒也被征服了。然而，最能够表明同盟关系的建立和承认的姿态是：亚历山大与罗克珊娜（Roxane）缔结了婚姻。这个女人是索格底亚那最杰出的领主之一奥克夏特斯（Oxyartes）的女儿。奥克夏特斯本人也被亚历山大身边关系最为密切的伙伴群体所接纳，他的一个儿子也被编入了国王骑兵中队——伙友骑兵中最为杰出的部队。这是针对伊朗骑兵精英群体的整合工作中至关重要的一步。这种结合是所有事态发展的最高潮，同时，它也在镇压叛乱期间促使了相当一部分的巴克特里亚及索格底亚那战士被收编到亚历山大的军队之中。我们越来越清楚地看到，亚历山大的帝国主要依靠马其顿和伊朗的贵族和战士这两大支柱，并且在与他们的礼仪交往中，亚历山大一方面采用了波斯元素，但另一方面也将马其顿人的特点传递给波斯—伊朗臣民。

至于这种新的角色以及新的统治方式对于马其顿精英群体意味着什么问题，我们在之前的菲罗塔斯事件中已经交代得很清楚了。但这并未积下什么伤及根本的沉疴。这一时期的两起重大事件，即克利图斯之死和卫兵谋反事件（Pagenverschwörung），更加证实了这一点。公元前328年夏天，在马拉坎达的一场会饮上，亚历山大和他情同手足的朋友克利图斯之间爆发了激烈的争论，克利图斯醉得厉害，以至于对亚历山大口出不逊，对其新颖的东方做派大加指责。亚历山大喝得也不比克利图斯少，闻言后暴怒。争吵愈演愈烈，最终，亚历山大抄起卫兵的长枪刺死了克利图斯。意识清醒后，亚历山大对自己的所作所为追悔莫及。虽然克利图斯当时发了一些其他人也会发的牢骚，但这并不涉及根本，不涉及马其顿人和波斯人之间的基本对立问题，而只是关于他个人的荣誉问题，而且是双方丧失理智才导致了这一极端结果。

在索格底亚那的叛乱被镇压之后，一些国王的近侍为亚历山大的行为所不齿并由此策划了一场相当业余的谋反。阴谋很快便被揭露和镇压。然而，亚历山大却利用这起事件将火引到了卡利斯提尼的身上，显然，这是针对卡利斯提尼反对跪拜礼而开始秋后算账了。这位历史学家作为国王伴侍的教育者，应当为其策划的这场阴谋活动而负责。亚历山大将卡利斯提尼关进了监狱，并最终杀害了他。无论如何，这都是一次冷血的、有预谋的行动，针对的还是一位曾经歌颂自己的人。这或许能够向我们说明，一个侵犯国王荣誉和尊严的人会落得何种下场。这才是最重要的事情。不论从前如何亲近或如何忠诚，这种忤逆的行为都会在情感和理智中留下印记。而部队和精英团体则始终坚定不移地保持着忠诚。亚历山大在他们身上真正赋予了很高的期望。

9　直至世界尽头

对位于中亚地区的伊朗领土的征服已经表明，波斯帝国这位新的统治者愿意并且有能力动用一切手段，残暴而慷慨地执行他自己的统治。除此之外，极具标志性的"最遥远的"亚历山德里亚的建立也向我们表明，亚历山大对于世界帝国的理念拿捏得相当到位。因此，对人类已知世界的统治也在这个地方打上了烙印。按照同样的逻辑，亚历山大现在将目光转向了印度。印度曾经松散且短暂地隶属于波斯帝国的统治，当时的人们对它的认知也仅仅是印度河及其支流附近的西部地区，即所谓的旁遮普地区（Punjab，今巴基斯坦北部）。在希腊世界，印度由于希罗多德的记述而为人所知，但人们对它也仅仅是有一些模糊的印象，它完全就像一个传说中的国度，同时，它的身上还联结着人们对于人类世界尽头的想象。印度河和尼罗河的同源理论也很流行，由此，人们似乎有机会沿印度河而下，到达埃及，从而回到远征最开始的地区周围。

我们应当将这些对于印度的憧憬作为背景，从而评判亚历山大的印度之行。当然，这位新的统治者一定想要去他的帝国实地考察并确保将那些领土据为己有。作为阿契美尼德家族的继任者，他当然也可以这样对待印度的领土。如果仅仅是想要让这里的人民臣服于自己的统治，那其实他已经做到了：公元前327年的夏天，亚历山大接受了一些部落首领的臣服礼，这些人一部分自发地这样做，另一部分是在亚历山大的敦促下同意这样做。如果现在亚历山大还要继续他的远征，那么，他最主要的是想要真正地踏足于近在咫尺的已知人类世界的尽头，将自己的统治真正地推行到已知人类世界的边境，成为唯一的统治者。这片传说中的土地上流传着的丰富的传说和神话也可能对这位向往英雄事迹的帝王具有特别的吸引力。

亚历山大在政治上和战略上都为这场远征作足了准备。他要求印度众罗阇（Radja)[①] 向他行臣服礼，并利用当地的政治冲突化解他们对自己的反抗。由此，塔克西莱斯（Taxiles）打一开始就已经加入亚历山大麾下。这位是塔克西拉（Taxila，位于今拉瓦尔品第附近）的国王，亦是旁遮普西部地区最重要的首领之一。同时，亚历山大将塔克西莱斯手下的部队编入了自己的军队，并大规模征调了东伊朗的战士。他将进军印度的大军分成了两个纵队。其中一支运载着各式军需品的部队穿越开伯尔山口（Khaibar-Paß），沿着主要线路向印度河行军并为渡河作好准备。同时，在行进的过程中，这一部队还应通过怀柔政策或武力镇压使所到之地皆承认马其顿的统治。而亚历山大自己则选择了一条更靠北的、位于努里斯坦（Nurestan）和斯瓦特（Swat）地区的路线。

---

① 或译叻差、拉惹、拉者、拉贾，为南亚、东南亚以及印度等地对于国王或土邦君主、酋长的称呼。在印度宗教中，该称呼也用于某些神明，佛教也用以称呼佛、法王、菩萨等。

公元前 327 年夏天，大军从高加索的亚历山德里亚启程了。在赫费斯提翁与佩尔狄卡斯的率领下，南边线路的部队在一路上并没有遭遇什么较大的阻碍。他们在预计横渡印度河的位置上修建了一座桥。而另一边的亚历山大却花费了总共半年左右的时间才征服了山地中的那些部落。这里的居民全都逃退到了他们的避难城堡中。在所有需要被征服的土地上，亚历山大以极端残忍的手段屠杀了无数的居民和战士。这显然已经超出了军事上的要求，而且也并非什么有意义的举动。亚历山大还特别想要征服一个大型的天然堡垒——阿尔诺斯之岩（Felsen von Aornos）。这里容纳了一些当地的居民，但几乎没有任何军事上的必要去夺取这里，因为这些受惊的民众几乎不会阻碍马其顿大军的前进，越过印度河的继续行军是有所保障的。但人群中流传着这样的说法，说是连赫拉克勒斯都无法攻占这座阿尔诺斯之岩。恰恰是这一点唤起了亚历山大的渴望，他的 pothos。尽管征服这个坚不可摧的地方在军事考虑上是多余的，但亚历山大再也克制不住自己的渴望了。他想直接与神话中的英雄，与他那知名的祖先——宙斯之子比肩。

这一段远征历史具有一种特别的传奇色彩。这个神秘而又充满神话色彩的国度遥远地矗立在一切为人所知的事物背后，暗示着世界的尽头。在最一开始，亚历山大来到了奈萨城（Nysa），这座城市的周围长满了常青藤。马其顿人一听到这个城市的名字便由于谐音而想到了狄俄尼索斯（Dionysos）；这位在其他人眼中十分陌生的葡萄酒之神，却被马其顿人极度尊崇。亚历山大的奶妈的名字就叫奈萨，同时，常青藤对他来说也是十分神圣的。也许当地的居民利用这些联系使得亚历山大确信他们的这座城市是神祇为了纪念他的养母而亲自建立的，并由此将亚历山大的注意力吸引到附近其他一些重要的宗教场所上来。我们的原始资料也再次谈到了亚历山大的渴望。它指引他前往那些地方，在那里，亚历山大为狄俄尼索斯举办了祭祀仪式。在今后的时间里，亚历山大与该神之间的特殊的亲和力会表露得越来越明显。

公元前 326 年春，亚历山大率领全军横渡印度河。塔克西莱斯表现了十足的忠诚，并将自己的都城塔克西拉献给了亚历山大。和其他罗阇一样，塔克西莱斯也成了附庸国的首领。

当然，接下来，亚历山大会遭遇一番抵抗。这是在预料之中的，毕竟最强大的邻居位于塔克西拉东边，国王波罗斯（Poros）拒绝向亚历山大臣服。这位国王将自己的整个军阵铺排在距离自己最近的希达斯皮斯河［Hydaspes，即杰赫勒姆河（Jhelum）］东岸。公元前 326 年 6 月，亚历山大远征中的最后一场大战拉开了序幕。然而，亚历山大却面临着两个极其艰巨的任务：他必须在对面全副武装的敌军的眼皮子底下渡过这条宽阔的大河，并且他还得与一大群训练有素的印度战象对抗。在亚历山大的精心策划下，这一切都被成功实现了，这项成功也得益于伙友骑兵一贯高标准的机动性与战斗效率：亚历山大只留下了一部分军队对抗波罗斯的大军，他自己则在夜色的掩护下，率领另外一众大军穿越了约 20 公里的河道，并在与敌人先头部队的小型交战后，朝着波罗斯本人前进。波罗斯将阵型布置成了两条阵线：战象阵列位于第一阵线，这样，位于战象后方的步兵便能够在骑兵和战车的侧面掩护下从战象间的缝隙中进行突进。亚历山大率领着大部分骑兵向波罗斯兵阵的左翼发起冲锋，当马其顿士兵在左翼集结时，一支规模较小的马其顿骑兵分队在科那斯（Koinos）的率领下从另一翼赶来，与敌军的后方部队交战，而马其顿的持盾卫队则紧随己方的骑兵部队之后，从正面迎击敌人。然而，这些印度战象依然给马其顿大军造成了惨重的损失。但随着包围加强，战象也逐渐陷入狂乱，以至于最后完全失去控制，导致很多己方士兵在冲击践踏下伤亡。最终，克拉特鲁斯（Krateros）率领另一队马其顿大军渡河了。现在再也没有人能阻挡他们了。印度人的败局已定，这场战斗以血腥的屠杀告终。

波罗斯的两个儿子都英勇战死，波罗斯本人亦是骑着自己的战象战斗到了最后一刻，并在负伤后被亚历山大俘虏。亚历山大以最友好的方式接待了他，并确认了他的地位：他依然是其王国的罗阇，甚至在周边的王公中具有统治地位。只是从今以后，他与塔克西莱斯等人一样，是亚洲之王的臣子。显然，亚历山大非常清楚，这里是遥远的印度而不是推罗或加沙，在这里，他必须采取完全不同的行动——无情的惩戒在这里似乎并不适用。这里的任何统治都必须建立在罗阇及其传统地位的基础之上，无论他们是和平臣服还是战败受俘。但其实这种做法在原则上与亚历山大迄今为止所践行的理念完全一致。毕竟正如我们已经多次看到的那样，他因地制宜，在合理且可行的范围内维持每个地方既有的条件；他建立了这样一种政治，即尊重一切可以以该政治为基础的已经成熟并世代流传的文化结构。

在战场附近，亚历山大建造了一座新的城市，名为尼西亚（Nikaia），意为"胜利之城"；而在它对面的西岸，亚历山大又建立了另一座城市布西发拉（Bukephala），这座城市是以他最喜爱的战马的名字布西发拉斯（Bukephalos）命名的，它在那里年迈衰弱而死。此外，亚历山大还为计划中的印度河之行建造了一支庞大的舰队。他自己则率领了大部分的军队转身向东，向着旁遮普的边境，直奔世界的尽头。

当然，对终点的追逐就如同望山跑马：一个人见识和了解的事物越多，就越清楚很多东西和自己想象的不一样，那个所谓的已知人类世界的边界可能比自己所设想的更加遥远。首先是印度河：人们得到的信息是，它根本不是尼罗河的上流，而是将会汇入一个巨大的海洋——那显然会是一个大洋（Okeanos）。不过，这样一来，亚历山大无论如何也能到达已知人类世界的边缘了。但是再往东是什么地方？印度究竟有多宽广？这支对艰苦已然习以为常的大军在这条前进之路上面临着最为艰难的路段。马其顿人毫不知情的是，像往常一样，夏季的季风雨已然来临，这些降雨使得旁遮普的大部分地区都变成了水汽弥漫、毒蛇出没的沼泽。热带的大雨以及雷暴使得前进难上加难，而且还得算上当地土著的抵抗——他们不会轻易就向波罗斯俯首称臣。经过70天的艰苦行军后，军队终于到达了旁遮普东部地区的最边缘，黑发西斯河［Hyphasis，即比亚斯河（Beas）］之滨，也就是今天的阿姆利则（Amritsar）以东一点。这时候，远征大军已经完全精疲力竭了。

与此同时，从东方流传来的消息也变得越来越多。人们得知有一条巨大的河流（也就是恒河），通过它可以进入大洋。那里居住着能干的农民，那里的政治秩序也良好而公正。但这些居民也同样非常好战，并且拥有非常多的大象，甚至这些大象比大军迄今为止所见过的都要更大，作战能力也更强。现在，这片地区作为亚历山大的特殊渴望的目的地简直再合适不过了——早有计划的直到世界尽头的征程与英雄般的挑战完美地结合在了一起。因此，亚历山大希望继续行军。但现在，远征军第一次拒绝了亚历山大的指令。科那斯是等级最高且能力最强的将军之一，他用简洁的，但也正因此而更令人印象深刻的话语表达了士兵们的感受。亚历山大深受打击，觉得自己在关键时刻被抛弃了。他用了三天时间克制自己，避免和将士们的一切接触。最终，他宣布自己改变了主意，士兵们欣喜若狂。也有可能是下述这一判断促使亚历山大作出了最终的决定——在印度这片全然不同的土地上生活的部落和人民恐怕难以真正地融入马其顿王国。但即便真的如此，在亚历山大的内心深处，他很有可能将梦想的突然终结归咎于一场拒绝。他能忘掉这些吗？

无论如何，现在，这场远征在这个地方以充满宗教气息和仪式感的方式画上了句号。一般来说，在体育竞赛中都需要向诸神献祭。为此，亚历山大建造了十二座比塔楼还要高的巨大祭坛，"以感谢带领他一路上取得胜利的诸神，并将这些祭坛作为他丰功伟绩的纪念碑"，阿里安如此写道。随后，亚历山大又回到了希达斯皮斯河的尼西亚和布西发拉城。作为亚历山大麾下的附庸国国王，波罗斯凌驾于其他所有首领和部落之上，他现在统治着希达斯皮斯河与黑发西斯河之间的所有领土。

在希达斯皮斯河上，为印度河之旅而建造的舰队早已作好了准备。它们由80艘小而敏捷的战舰和多种类型的运输船组成，据说总共约有2000个单位。亚历山大将这些舰队的指挥权交给了克里特人尼阿库斯。这位仁兄是亚历山大年轻时的好友，最初被留在吕基亚担任总督，在前段时间却奉命重新加入了亚历山大的军队。舰队预计向南航行，河的两岸上都布有陆地战斗部队陪同舰队一同行进。公元前326年11月，舰队启航了，他们沿着希达斯皮斯河进入了阿塞西尼斯河［Akesines，即奇纳布河（Chenab）］，再从那里进入印度河。大军主要在东岸的马里和欧克西德拉卡地区遭到了严重的抵抗。在一场对马里人（Maller）城市的攻占行动中，亚历山大一上来就在一次暴风骤雨般的冲锋后与马其顿士兵们失去了接应，并被一箭（应是伤及肺部）射成重伤。最终，各部落纷纷臣服。然而，他们并不臣服于他们所憎恨的波罗斯，而是臣服于管理印度河以西直到喀布尔河谷（Kabultal）的马其顿总督腓力（Philipp）。

在阿塞西尼斯河汇入印度河的河口附近，亚历山大又建了一个亚历山德里亚城，这里处于巴基斯坦南部与旁遮普之间，是交通枢纽的中心地带。这个城市主要是作为一个河道航行中心，不仅用于军事目的，而且类似于埃及的亚历山德里亚，这里最重要的目的是进行商业贸易。

公元前325年春天，亚历山大开始征服印度河下游一带的信德省（Sindh）。这再次引发激烈的战斗。其中，一部分对手是之前本已自愿屈服之辈，他们面临着更为严厉的惩戒式的考察。亚历山大任命培松（Peithon）掌管印度河下游的新总督区。约在公元前325年6月底，马其顿人到达了印度河大三角洲的起点帕塔拉［Pattala，今海得拉巴土邦（Haidarabad）］。现在亚历山大分调了军队。他吩咐克拉特鲁斯将一大批已经上了年纪并且也不再适宜作战的老兵经由阿拉霍西亚送回王国的中心，他自己则想要率领舰队以及剩下的军队和一大支辎重部队沿着海岸线行军回去。不过，在这之前，他至少要先在这里抵达已知居住世界的确凿的尽头——大洋。在沿着印度河的两条不同的支流航行之后，亚历山大终于到达了他的目的地。如同远征的开幕以及其他重要的地点和事件，这个终点也被以一种非常特殊的方式仪式性地标示了出来。在大洋边岸，马其顿人和希腊人为潮水的汹涌之势感到震惊和恐惧。亚历山大在这里按照锡瓦的宙斯—阿蒙神谕所的指示进行了祭祀。最后，为了确认自己真的到达了大洋，亚历山大驶入汪洋之中，直到再也看不到陆地。在那里，他把公牛和金质的器具献给了波塞冬——把它们沉入海中。由此，我们不难联想到远征的最开始，联想到达达尼尔海峡的祭祀，并因此将这场远征的开始与结束如同画一个圆一般紧密地联系在一起。

10　灾难般的返程

我们已经多次明确地感受到，亚历山大的远征也与地理勘探有着紧密的联系。因此，如果说远征军侦察到了一条新的从世界尽头回到王国中心的返程路线，貌似也是有可能的。从帮助王国内部实施交流的角度来看，这种探索甚至尤为重要。公元前 500 年前后，大流士一世就曾委派卡利亚航海家西拉克斯（Scylax）前去探索波斯湾和印度之间的海上航线。借由西拉克斯的这些报告，海上联系的可能性变得显而易见，这一点也由此为早期古希腊地理学家所熟知。后来，认为印度河和尼罗河同源的理论逐渐成为公认的观点，这在很大程度上归功于亚里士多德的权威。如同我们所看到的，亚历山大最初也是这样认为的，但他现在终于有了更加清楚的认知。也正因为如此，对海路连接进行精确的探察就变得更有必要了。由于大军将要穿过完全未知的地域，所以不能单单采用舰队的形式进行探险，而是必须要求陆军在海岸上伴随其前进并提供补给。通常希腊人习惯于沿着海岸航行，因而亚历山大的这种行进路线与希腊人在海上进行商业往来的习惯相符。因此，亚历山大的这一想法——把舰队派往西边，他自己则率领陆军在陆路上随行——是出于理性的考量，人们也很容易便能理解这一点。但是，仅仅是为了这个目的便带上大量的军队很难会被认为是必要的：出发时，除了船上的士兵，亚历山大光陆地上的军队就有6万人左右，包括补给部队。

另一个巨大的挑战可能才是亚历山大更为关心的事情——陆军所要穿越的区域被格德罗西亚沙漠［Gedrosische Wüste，今莫克兰沙漠（Wüste von Makran）］覆盖着，它是世界上最为荒凉、最难以穿越的荒僻之地之一。要想带着大批的人马，例如带着大批的军队穿越它，是完全不可能的。这一点是众所周知的。甚至有人说，那两位最伟大的，在希腊世界中被梦幻般的传奇色彩所围绕的东方统治者——巴比伦王后塞弥拉弥斯（Semiramis）① 和波斯帝国的缔造者居鲁士大帝——不但都未曾成功穿越格德罗西亚沙漠，还都是费了九牛二虎之力才逃出生天。

这样的挑战对于亚历山大来说简直更像一种激励。因此，他用自己部队数万人的性命做筹码，只为了再与过去的英雄们较量一场。有些学者甚至将此举视为大帝的报复性行为，即将士们曾在黑发西斯河问题上让亚历山大孤掌难鸣，现在亚历山大故意将他们的生命置于险境。这种说法未免有些过于偏激，但是这场死亡行军也并不单纯是一场由不准确的认识和错误的后勤规划造成的灾难，因为人们清楚知道他们即将面临的困难程度——极度困难，甚至是完全不可能成功——而且他们认为，就如同西拉克斯的探索之旅一样，这样一场纯粹的勘

---

① 根据狄奥多罗斯等人的描述，塞弥拉弥斯是女神德尔克托（Derketo）的女儿，尼诺斯国王的王后，在丈夫死后继承王位，建造了巴比伦空中花园和堡垒、桥梁、引水渠、水库、街道等许多巨大工程，并领兵攻打米底地区。有观点认为塞弥拉弥斯在历史上对应真实人物萨穆－拉玛特（Sammu-ramat），公元前 9 世纪的亚述女王，她在丈夫萨姆什－阿达德五世逝世后摄政，直到儿子阿达德尼拉里三世成人。希罗多德曾认定是她兴建了幼发拉底河围堤，巴比伦大门的界标也是以她的名字命名。

察行动原本可以以更小的规模进行。

公元前 325 年 9 月，亚历山大率军出征。他的进展很顺利，在一开始便按照计划建立了舰队的补给站，这样大约两个月后，舰队便可以借着东北风的来临，也就是借着转向的季风启航。然而，很快，军队就不得不远离海岸，沿着大自然所指示的唯一可能的路线穿越这个荒僻之地。沙漠中的一切危险都被他们遇到了。大军在沙丘的流沙中艰难地前进，时而无助地四处乱走。突如其来的暴雨把干涸的河床变成了汹涌的洪流，很多士兵因此而丧命。然而，更重要的是，水的供应并不能满足军队的需要，很多的人和动物都因此而渴死了，对于舰队的补给更是早就被无视了。人们面临着赤裸裸的生存问题。大约六十天后，当亚历山大到达格德罗西亚的都城保拉 [Pura，今班布尔（Bampar）] 的肥沃土地时，他的军队只剩下了四分之一，只有大约一万五千人还活着，舰队则早已杳无音信。可以想象，舰队方面很有可能也是由于后勤规划的失策而陷入了灾难性的境地。但塞弥拉弥斯和大流士已经被超越了。

　　这次返程也因一场极具特色的仪式性表演而被提升了一个高度，而这应当是为了掩饰这次返程的灾难般的结果。公元前325年12月，亚历山大在卡曼尼亚（Karmanien）总督区的东部与克拉特罗斯的军队会合后，将行军队伍组织得如同狄俄尼索斯游行一般，他自己则仿若狄俄尼索斯本人，因为在神话中，狄俄尼索斯也是从蛮夷之地进入希腊。亚历山大带着他的同伴和士兵浩浩荡荡地回到了文明世界。在队伍的前面，大帝乘着由八匹马驾驭的战车，战车上有一个大祭坛。为了纪念狄俄尼索斯，亚历山大与他最亲近的几位伙伴在归途中举行了漫长而流动的会饮，畅饮了七天七夜，成群结队的酒客和狂欢者则乘坐着其他装饰华丽的战车紧随其后。这是一场盛大的狄俄尼索斯游行。现在，亚历山大是否将自己与神祇同一化，是否自比宙斯之子，还有待观察。但无论如何，我们看到一个新的狄俄尼索斯正从印度走来。正如希腊文化的历史所表明的那样，以狄俄尼索斯为参照（而非其他神祇）上演统治者的权力和辉煌，亚历山大此举确实是首开先河。

与此同时，舰队的士兵们也已经在尼阿库斯的带领下克服了最大的困难。经过一番努力，他们成功获得了物资供应。但是这条航线明显不适合常规的海上运输。希腊人熟知的运输方式——沿着海岸线从一个港口移动到另一个港口——在此处根本不可能。但无论如何，这次航行带来了最早的关于阿拉伯半岛的较为详细的消息：该半岛能够通过一个有着突出的海角的地方接近波斯的海岸（霍尔木兹海峡）。这是一个重大的发现，而且这一认知将在未来发挥重要的作用。当舰队到达霍尔木兹的海湾时，他们还与亚历山大见了面，彼时亚历山大正逗留在不远处的卡曼尼亚。亚历山大与尼阿库斯的这次老友相聚变成了一场欢愉与感恩的盛宴。不过，他们还是踏上了各自的征程。舰队继续沿着海岸线前进，经由底格里斯河和巴希底格里斯河（Pasitigris）到达苏萨，亚历山大则经由帕萨尔加德和波斯波利斯到达那里。公元前324年3月，这场浩大的远征结束了，这个帝国完成了自己侵占、探索以及用已知人类世界的尽头作为标记圈定自己领土范围的伟业。

第四章　统治者亚历山大

在远征印度归来后的几个月中，亚历山大颁布了一系列规定，这些措施使我们极其清晰地领略了亚历山大是如何理解自己作为统治者这一角色的：他建立了一套极具个人特色的统治规则，并成功将其制度化。军事征服者和指挥官身份中的暴力元素与马其顿人的习俗，尤其是与东方式的伊朗的统治和领导传统结合到了一起。从前，军队的营地便是中心，大帝带着他大部分的军队在全国各地活动：他的军营即是他的宫廷。但现在，营地位于帝国的中心地带，处于威严的都城之中。公元前 324 年夏天，亚历山大经由俄庇斯（Opis），也就是穿过美索不达米亚，去往埃克巴坦那过冬。公元前323 年春天，他前往巴比伦，从那里出发去参加阿拉伯战役。和从前一样，不存在深宫中的无聊消遣，只有战斗和征服。这位统治者没有耽于安乐，他永不止步。

尽管如此，人们对于亚历山大心目中的帝国的结构还是拥有了一定的认识。从印度回来之后，亚历山大必须首先整顿纲纪。在过去的时间里，亚历山大实际上已是杳无音讯。他是否还会回来，想必很多人都对这一点存有疑问。于是，在这个偌大帝国的各地纷纷出现了起义、揽权以及篡位的状况。那些在遥远地区的城市中定居的马其顿雇佣军在巴克特里亚、索格底亚那以及旁遮普西部地区发起叛乱。一些总督的忠诚度也引起了人们的怀疑，尤其是在卡曼尼亚和苏萨地区。某些地区的叛乱是由位高权重的贵族阶级发起的，他们反抗统治并开始像君主一样行事，例如在阿拉霍西亚，甚至在米底总督区和波斯的部分重要地区也都发生了这样的事情。许多地方的掌权者都招募了自己的军队。亚历山大儿时的朋友哈帕拉斯的行径简直就是不再服从统治的标志性举动：这位肩负着管理王室资产之重任的仁兄直接将自己当作统治者，居住在巴比伦城内，不仅招募了自己的军队，还贪污和挥霍财产，规模之大令人难以想象。

从卡曼尼亚起，亚历山大便一路以最严厉和最猛烈的方式对叛乱和揽权的行为进行打击。他解散了雇佣军，并惩戒或至少罢免了非法的总督以及叛乱分子。在整顿的过程中，马其顿人取代了伊朗人。与此相比，那些忠心耿耿的总督，例如自行镇压了自己管辖区内叛乱的米底总督阿特罗巴特斯（Atropates），则受到了特别的嘉奖。而奥克西涅斯（Orxines）则落得了极具代表性的下场：他是波斯高等贵族中的一员，自作主张篡夺了总督的职位；尽管他携带了丰厚的礼品前去拜见亚历山大，但亚历山大依旧处死了他。除了其他各项罪名之外，他还被指控亵渎了位于帕萨尔加德的居鲁士之墓。这一罪名是否属实值得商榷，但至少居鲁士墓穴被盗一事确实是在他的势力范围内发生的。亚历山大针对这一点责罚了奥克西涅斯，并随即命人修复居鲁士的陵墓，由此向世人表明，对于自己来说，尊重波斯和伊朗的传统至关重要。亚历山大在任命新的总督时也表现了这一点：他选择了明显对波斯人非常友善的马其顿人朴塞斯塔斯（Peukestas），甚至允许他以波斯和米底人的方式穿着打扮。此外，朴塞斯塔斯还学习了波斯语，并按照波斯人的习俗担任总督的职务。

值得一提的是，亚历山大所惩罚的对象同样包括那些违反纪律的马其顿军官和士兵。他对那些掠夺当地神庙和墓穴的行径也进行了追究。而哈帕拉斯早在公元前324年的1月就卷走大量的资金并携带大批军队逃回了希腊。

大帝在苏萨所采取的一系列颇具象征意义的措施清楚地向我们表明了他是如何设想自己的帝国的性质的，当中尤具代表性的是：他举办了一场集体婚礼。亚历山大本人和他最重要的九十几位同伴和跟随者按照当地的礼仪，与来自波斯和伊朗最高精英阶级的女性缔结了婚姻。亚历山大迎娶了大流士三世的长女斯妲特拉二世（Stateira II）和他的前任阿尔塔薛西斯三世

的女儿帕瑞萨娣丝二世（Parysatis II），而大流
士的另一个女儿则嫁给了赫费斯提翁。由此，
亚历山大与他这位伙伴间特殊的亲密关系再次
得到了彰显。克拉特鲁斯是中间一代军官中最
为杰出的一位，人们将其视为帕曼纽的继任者。
他迎娶的是大流士的弟弟欧克西亚提斯的女儿。
在亚历山大身边最亲近的年青一代军官中，佩
尔狄卡斯迎娶了米底总督阿特罗巴特斯的女
儿，托勒密和宫廷书记官的领头人物欧迈尼斯
（Eumenes）分别迎娶了阿尔塔巴左斯的两个女
儿，尼阿库斯迎娶的是门托耳①的女儿，塞琉古
（Seleukos）迎娶了曾经的战场死敌斯皮塔米尼
斯的女儿。亚历山大亲自为每一位女子送上了

① Mentor（公元前 385 年～公元前 340 年），古希腊雇
佣军将领。公元前 358 年，门托耳和其弟门农受雇于
弗里吉亚总督阿尔塔巴左斯，并娶阿尔塔巴左斯的女
儿巴耳馨为妻。后因与阿尔塔巴左斯一同参与公元前
356 年反抗波斯阿尔塔薛西斯三世的叛变失败而流亡到
埃及，而门农、阿尔塔巴左斯和巴耳馨则逃到马其顿
王国，投靠腓力二世。公元前 346 年被阿尔塔薛西斯
三世俘虏。然而，阿尔塔薛西斯三世相当欣赏门托耳
的才华，赦免并招募他至自己麾下。在公元前 342 年
消灭埃及后，阿尔塔薛西斯三世任命他为西部最高统
帅，门托耳便请求赦免阿尔塔巴左斯等人，让他们回
到波斯，之后门托耳在任内去世。

贺礼。这些门第间的许配是经过深思熟虑和精确规划的，在考虑的过程中，亚历山大仔细顾及了每个人的身份地位。这件事意义重大，一个新的精英帝国即将出现。原则上，忠诚的马其顿人、希腊人和伊朗人在平等的基础上并肩而立。最重要的是个人与统治者之间的亲密关系：马其顿国王对待部落大员的一贯方式在这里也转移到了波斯人和伊朗人身上，同时，这种方式与在这里仍然盛行的封建体系相遇了。精英阶级由个人的亲信和统治者的同伴组成，他们之间的纽带因为姻亲关系而变得密切非常。

正如历代马其顿国王将军队纳为其个人的追随者（如伙友步兵 Pezhetaires 一词，直译即"步行的同伴"），马其顿人与伊朗人之间的联系同样也转移到了军队及其核心部队之中。不仅是精英阶层，就连"执行人员"之间也要尽可能建立紧密的联系，同心同德。因此，亚历山大将马其顿人与当地妇女迄今为止所缔结的所有关系都合法化了。他为他们登记了姓名，并向每对夫妻都赠送了一份结婚礼物。这样的新婚夫妇共有 1 万多对。这一举动之重要性首先体现在他们的后代身上，因为这些后代实际上组成了征募的首选储备军。这一切都远非一般的兼并政策，因为亚历山大并不是希望借此将帝国的人口统一化，而是希望从今往后政府和军队的在职精英们能够尽可能地建立紧密的联系，相互团结。

亚历山大也对中央军队进行了相应的重组。早在此之前，伊朗的作战骑兵就已经逐渐融入马其顿的阵形。现在，他们已然按照马其顿人的战术，与马其顿人并肩作战。还有自公元前327年起就接受希腊和马其顿作战训练的3万名伊朗步兵。在他们也加入了帝国的军队之后，这种混合作战的情况现在也延伸到了步兵体系。作为"厄庇戈诺伊（Epigonoi）"①，他们组成了一个新的军团。那些从远征初始就跟随着亚历山大的老兵中还剩下2000名骑兵和13000名步

---

① 意为"后辈英雄"，此处是借用了希腊神话英雄人物的称号。底比斯国王俄狄浦斯的两个儿子厄忒俄克勒斯和波吕尼克斯相争，后者被逐来到阿尔戈斯（Argos），阿尔戈斯国王等人协助他远征底比斯重夺王位。阿尔戈斯军队在战斗中惨败，七位英雄战死。十年后，英雄的后人为父辈报仇，发起第二次底比斯之战，他们被称为厄庇戈诺伊。

兵，其中，马其顿人只占了三分之一。虽然这期间也有不少新鲜血液涌入，但另一方面，也有不少老兵被送回了家乡。尽管亚历山大又转头从马其顿召集了一些人马，但在可供调遣的帝国军队中，马其顿人的比例已经下降到只有10%左右。

马其顿核心部队的士兵在意识到这一点后越发感到不安。公元前324年的夏天，亚历山大在底格里斯河畔的俄庇斯召开军队大会并最终宣布：解雇那些由于年岁和体力衰竭而不再具备作战能力的士兵并将其送回马其顿。听到这一消息，人群中一片哗然。士兵们发出了激烈的抗议，并大声叫喊亚历山大应该把他们全部解雇，同他的父亲——宙斯—阿蒙神——单独作战。亚历山大跳下演讲台，当场命人将13名叫嚣最厉害的人抓去处决。随后，他发表了简短的演说，细数自己与父亲腓力二世为马其顿人所做出的功绩，回忆他们曾共同经历的战斗和那些他们共同完成的难以想象的壮举。亚历山大还向士兵们说，在他将他们遣散回家乡之后，他们便可以说，他们抛弃了他们无人能敌的指挥官，并"把他交给了被征服的野蛮人照顾"（Arrian 7，10，7）。之后的两天，亚历山大拒绝与马其顿部队作任何接触，并下令让伊朗人悉数补充到军队单位之中，直到马其顿大军回心转意，恳请亚历山大的宽恕。亚历山大执行了自己之前的命令，按照先前计划的那样遣散了老兵，并派克拉特鲁斯带领老兵们返乡。他还举办了隆重的仪式庆祝马其顿人与伊朗人之间的和解，这种和解同时更是一种新的、有序的联结：祭祀是由希腊祭司和波斯巫师共同进行的，人们召唤并祈求诸神"为马其顿人和波斯人带来和睦、统一的统治"（Arrian 7，11，9）。实际的行为与仪式的举行都指向了同一个方向：马其顿人和伊朗人将紧密地结合在一起，共同维持这个帝国。然而，最重要的还是统治者的绝对意志。

　　几乎在同一时刻，希腊人也清楚地意识到了这一点。公元前324年8月，在奥林匹克运动会召开之际（传统上，各类公告便是在此时、此地宣布的），亚历山大的一位特使颁布了大帝几个月前决定的一项法令：希腊的各个城市的流亡者都将被允许返回各自的家园，并在那里受到欢迎。这种恩典行为的背后所隐藏的是对希腊政治规则的大规模干预，同时，这种做法也向我们展示了早在亚历山大父亲在位时，统治者对于希腊政治规则的理解之精妙与运用之娴熟。希腊国家内部的不稳定性，即其倾向于动荡和内战的国家结构，一再导致大规模的驱逐运动。在城邦中拥有权力和影响力的政治群体之间事实上也通常互为无法和解的对手。因而，一种建立在缔约之上的共同生活是完全不可能的。这也就是为什么很多人都过着一种流亡般的生活，他们总是渴望回到自己的家乡，并且想要用武力去驱逐对手。自古以来，一些更为强大的政权就利用这种被弗里德里希·威廉·尼采称为"内部爆炸物（inwendiger Explosivstoff）"的东西来达到自己的目的，即支持个别群体来对抗他们的对手，支持城邦中的统治阶级来对抗外来者，或者反其道而行之。腓力二世采用的便是此种手段。在这种方式下，特别是在喀罗尼亚战役之后，亲马其顿群体便在城邦中占据了上风，而他们的对手则大量地移民。科林斯地峡（Isthmos）上的普遍和平，即科林斯同盟，明确禁止改变这些内部条件。这正是马其顿统治的一个根本策略。而作为欧罗巴统帅的安提帕特正是遵循了这些原则。

当亚历山大现在下令扭转这一策略，尤其是随后开始接纳那些移民者的时候，他不仅使很多城邦的统治阶级迷惑不解，还把城邦中的状况搅得一团糟。并且在很大程度上，这项措施甚至会使之前反对马其顿统治的群体受益。但这恰恰表明了亚历山大是如何评估他自己的权力的：希腊人不再是可怕的，他们的小打小闹已经不再有能力对他的权力构成任何威胁。父亲所精心设计出来的统治策略已是明日黄花。科林斯同盟没有正式解散，但它的具体任务——波斯战争——早已实质性地和象征性地结束了。亚历山大不再是希腊人的霸主，而是他们的君主；他可以允许自己实施一些超越政治利益的恩典性行为，并且是大张旗鼓地实施这一切。

而希腊人则很快就向亚历山大表明，他们明白应该怎么做。大多数城邦里的人们决定以各种不同的方式向亚历山大致以神圣的敬意。他们向他献祭、向他祈祷，为他修建祭坛，把他请到神庙里与其他神祇一同接受供奉，还向他派出了朝拜使团（Festgesandtschaften）。原则上，这些举动在希腊世界中并不是什么新鲜事，但这一切要与埃及和东方的其他视角下的神权或神定的统治区分开，同样，也要与亚历山大自己的想法区分开。在此之前，希腊人就已经像歌颂英雄一般，有时甚至是充满神圣感地歌颂那些伟人，特别是那些为社会作出特殊贡献的人，例如斯巴达将军吕山德[1]，还有马其顿的腓力二世等。这样的歌颂从来都与宗教热情没有多大关系，而是与政治利益相关。由此，公元前323年的春天，当希腊各城邦都决定向亚历山大派出朝拜使团的时候，这一举动首先应当被理解为某种特殊的忠诚的表达：这种具

---

[1]　Lysander（？～公元前395年），斯巴达人，古希腊军事家。凭借出色的外交手段获得波斯的支持之后，吕山德指挥斯巴达舰队于公元前405年在阿哥斯波塔米战役中击溃了比自己强大的雅典海军，从而结束了伯罗奔尼撒战争。斯巴达军队随后占领了雅典城，在吕山德的扶持下建立了三十人僭主集团，结束了雅典的民主政体。

有象征意义的行为代表着希腊人对亚历山大的卓越的确凿无疑的承认，以及对这位统治者的尊重。

然而，亚历山大与希腊双方之间绝非铁板一块。正如人们所预料的那样，亚历山大所颁布的这条放逐者赦免令（Verbanntendekret）导致了显著的紧张关系，某些人对此感到大为恼火，尤其是在希腊西部的埃托利亚（Aitolien）同盟和希腊的第一强国——雅典。在那里，放逐者的回归问题是一个非常特殊的问题，因为它涉及非常多的层面。雅典人曾在大约四十年前驱逐了一大批萨摩斯岛（Samos）上的居民，并在那里安置了几千名公民作为神职人员。因此，萨摩斯岛就这样被雅典吞并了，这些被驱逐的萨摩斯人生活在小亚细亚大陆上，他们将自己视为外来者。而亚历山大的条令当然也清晰地加诸彼身。因此，雅典人必须确保将这些萨摩斯人接回萨摩斯岛，同时，还要将那些神职人员送回他们的家乡。这一切将带来的社会影响以及政治后果简直不可估量。虽然在这一点上希腊人与亚历山大进行了谈判，然而，鉴于亚历山大惯常的强硬态度，他们并没有什么理由对此感到乐观。毕竟雅典人驱逐了哈帕拉斯，甚至在亚历山大提出将其引渡回来的要求之后还囚禁了他，并在公元前324/323年的冬天一直保持忠诚 。但奇怪的是，哈帕拉斯很快就被释放并逃离了雅典。到处都在谈论战争。很快便有人与伯罗奔尼撒半岛南部泰纳龙角（Tainaron Kap）的众多雇佣兵建立秘密联系。亚历山大死后，在雅典和其他希腊国家所发生的一系列事件应当能够表明帝国内部对于亚历山大的统治的真实的接受程度。

如果人们以整体性的眼光看待亚历山大的统治，则可以相对清晰地描述它的特点。亚历山大的王权是建立在不同的传统之上的，有些是个别臣民群体中所盛行的传统，有些是个别地域所沿袭下来的传统。奉行这些传统的人们在多大程度上唯亚历山大马首是瞻，亚历山大便在多大程度上尊重他们的传统。帝国在政治和军事上的主导地位是靠马其顿和伊朗的精英群体来保证的，这些群体中的成员有着内部的凝聚力，并且整体水平也日趋精进（特别是在作战能力上）。根据功绩和表现，其他一些成员也属此列，例如希腊的组织专家和军事专家。这些精英群体、领导圈子以及作战部队中的部分成员之间关系友好，有些人私交甚笃，还有些人通过适当的纽带与统治者本人有着密切的关系。然而，统治者是帝国的唯一中心：无论那些传统以及追随者如何巩固了他的统治并使之合法化，统治者本人都永远凌驾于它们和他们之上；在遇到疑问之时，他的命令便是唯一的法律。处决或是赦免，驳回或是接受，尊重传统或是废除传统，这些决定都只在他的一念之间。此时此刻，亚历山大的统治范围是如此之广，地位是如此之不可撼动，以至于他可以无视较大的权力组织内部对于他的法令的接受程度。无论如何，亚历山大的帝国是一个完全个人化的、完全基于他个人重量的帝国，可以说是一种"个人制度"。而每一个个体，作为这个帝国统治下的一颗螺丝钉，也总能为自己的这一地位找到仪式性的和象征性的表达。在这个意义上，苏萨的集体婚礼与在俄庇斯的和解以及在奥林匹亚（Olympia）的赦免并无不同。

　　如何将传统进一步提升，即将新型的、个性化的元素吸收并与统治者的个人风格相结合，这一点在礼仪中表现得尤为突出。大帝接管了波斯皇帝的大帐以及里面装饰的丝绸锦缎、地毯和纱巾，并将其作为臣民们以各种事由觐见和接受委派的场所。大帐的前面是数千名士兵，还有马其顿卫队和传统的波斯卫队（长矛手）以及印度战象，他们以夺目的姿态展示着大帝基于军事力量的个人实力。大帝本人则高坐于金色宝座之上，周围都是他最为亲密的朋友和拥有很高军衔的近身护卫同伴。伊朗人也属于大帝身边最核心的圈子，按照古代习俗，他们被称为大帝的"亲戚"，并被认为能够与之行兄弟间的亲吻礼。亚历山大将这种主要面向波斯人的习惯与希腊和马其顿的社交活动、会饮、戏剧演出还有体育竞赛结合到了一起。这些也是统治的一部分。但帝国的中心，帝国的"国都"，永远都只在大帝所在的地方，它曾经是，并且现在仍然是一个流动的"军营中的宫廷"。

　　在亚历山大这种极具个人特征的统治中，

赫费斯提翁同样扮演了重要的角色。早在公元前324年的春天，亚历山大便在苏萨任命其为自己贴身卫队（Leibgarde）的指挥官。按照波斯人的观念，这是最高的军事荣耀，传统上，这一军衔可能还包括某些特殊的附加权力。但就赫费斯提翁而言，这显然就意味着一人之下、万人之上的地位。现在，大帝最亲密的私人朋友也以官差之身站在其身边，这全然就是私人意义上的君主政体。苏萨的婚礼也早就以一种极具象征意义的方式强调了这一点。通过缔结姻亲来巩固友谊，这种做法在希腊和马其顿是相当普遍的，这种深切的私人元素不仅在精英阶层更新换代、势力重组的仪式性举措中，而且在统治者与精英阶层的关系中，都被视为重要的组成部分。

　　亚历山大在赫费斯提翁逝世（公元前324年秋天）之后的行为也可以得到相应的解释。首先，从情感联结的角度来讲，这件事对亚历山大来说是一场可怕的个人灾难，他表现了极度的悲恸，并且公开举行了哀悼活动。一方面，亚历山大按照波斯人的习俗暂时性地熄灭了圣火（如同历任波斯大帝逝世时一样），另一方面，葬礼仪式也被塑造得极富神话意味，并且得到了亚历山大本人的宗教性升华。根据宙斯—阿蒙的神谕，赫费斯提翁被追封了英雄的尊荣。随后，亚历山大将他的尸体运至巴比伦火化，并举办了盛大的葬礼集会，数千名艺术家和运动员参与其中。在这里，一个新的阿喀琉斯埋葬了他的帕特洛克罗斯。此外，亚历山大还计划建造一个巨大的墓碑，占地面积约 400 米 × 400 米，建有数层，堪比巴别塔。在等级制度中，赫费斯提翁的位置明显空了出来，没有人能够取代他，也没有人应该取代他。

就像我们之前提起的那样，苏萨、埃克巴坦那和巴比伦这几个月以来的平静绝非代表着现在已经进入一个相当静态的、"常规化"的统治阶段。征服和探索的势头并没有消退。下一个目标是阿拉伯。从公元前 324 年起，亚历山大便开始紧锣密鼓地策划和准备发动对阿拉伯半岛的远征了。特别是在公元前 323 年春天，当亚历山大迁往巴比伦之后，他的精力便主要集中在这次远征上。部队也养精蓄锐，专门为沙漠战争作准备。最重要的是，亚历山大建立了一支庞大的舰队，沿着幼发拉底河向波斯湾推进。他还从腓尼基和叙利亚的城市中招募了大批居民，让他们作为殖民者定居在即将被自己征服的地区。这一切都清楚地展现了这项远征事业的目标：数千年来，保护两河流域的居住区免受阿拉伯沙漠地区贝都因人（Beduinen）的入侵或袭击一直是美索不达米亚统治者最重要的任务之一。人们有充分的理由对亚历山大也抱有类似的期待，但后者所做的却远不止于此。亚历山大想用他特有的激进主义来解决这个问题，即征服他们的全部领土。因为在这样做的同时，他可以再次让他的伟大的帝国向世界的尽头延伸，延伸至一个像无限富饶的印度那样的，传奇般的历史悠久的地区。同时，这种延伸也被看作对该地区的海上交通以及通信交流的全面开放。占据阿拉伯可以确保从印度到埃及的路线畅通，从而保证远东地区与帝国南部的联系。新的交通路线也将促进各种奢侈品以及其他多种商品的贸易。亚历山大所做的这些就像他建立亚历山大港和在印度河流域所采取的那些措施一样，他计划将叙利亚人和腓尼基人安置在这里——而这些人也恰恰是那些懂得海上贸易的人。

在军队和舰队即将离开巴比伦之际，亚历山大却病倒了。可能是由热带疟疾引起的严重的高烧迫使他中断了准备工作。一开始，他对自己的病情并没有很在意，但随着病症的发作越来越频繁，大军开拔的安排还是终止了。关于重病的传闻传播得越来越广。大帝越来越虚弱，大约一个星期后，他几乎已经无法开口说话了。他把自己的印章戒指留给了近身护卫佩尔狄卡斯，并在临终时接受士兵们的道别。经过近三天的昏迷，亚历山大于公元前 323 年马其顿历代西俄斯月（Daisios）28 日（即公历 6 月 10 日）晚上逝世，终年不到 33 岁。

不久后，人群中便开始有传言说亚历山大之死另有文章。有种声音说是毒杀，并且很快就开始流传有嫌疑的人名。与老将安提帕特间的冲突已然激化。后者已奉命前往亚洲，克拉特鲁斯接替了他的位置。安提帕特的儿子伊奥拉斯（Iolaos）和卡山德（Kassander）被认为是这起毒杀的凶手。我们的消息来源——这里指官方的王宫日志以及历表——并未提供丝毫与之相关的线索。

关于"最后的计划"的说法同样缺乏可信度。据说，这些计划是在亚历山大的官方文件中发现的。这位世界的征服者即使是征服了阿拉伯地区后，也绝不会"金盆洗手"，这一点是毋庸置疑的。而且站在亚历山大的角度上，无论是面对蓬托斯以及里海以北的斯基泰人，还是面对迦太基人，他的统治都有可能出现问题，这一点也是显而易见的。但是，几乎没有任何计划会以书面的形式制订出来。这与亚历山大的心态不符。首先，远征阿拉伯的计划刚刚步入正轨，他所有的心思都集中在计划和准备这件事情上。但如今，伴随着号令一切的亚历山大与世长辞，最大的问题产生了——这个完全建基于亚历山大个人身上的帝国将如何发展？传闻中的亚历山大的那句遗言也许能够为我们提供一个答案：当被问及他将把他的帝国留给谁时，据说亚历山大回答道，"给最强者；因为我预见到我的朋友们将会举行盛大的葬礼集会"

（Diod. 18，1，4）。事实上，他的朋友和共事者最终在旷日持久的血腥纷争中，即在继业者战争（Diadochenkämpfen）中，将帝国的统一毁于一旦。亚历山大遗体的命运似乎已然昭示了这一结局。根据亚历山大本人的要求，他的遗体拟定于锡瓦绿洲处进行安葬——这是最后一个向我们展现亚历山大其人其事的盛大姿态。然而，亚历山大的近身护卫托勒密却将亚历山大的遗体运到了听由自己统治的埃及的中心地区。一开始，他命人将遗体安置在孟菲斯，后来又运到了他的总督区治所亚历山大港，并用雪花石膏制成的石棺将亚历山大安葬于自己的宫殿之中。因此，即使是死去的亚历山大也依然起到了使希腊化的统治者王朝合法化的作用。

第五章　历史中的亚历山大

对于亚历山大的人格我们应当作出何种评判？他在历史的洪流中扮演了何种角色？就历史上的其他风流人物来说，这类问题也往往属于历史学家们最难回答的问题。而就亚历山大来说尤其如此。即使是与他同时代的人，甚或是对于像克里特的尼阿库斯那样了解他的人来说，亚历山大其人也通常像个谜。他们将亚历山大所作出的那些他们所不能理解的决定和举动归结为亚历山大个人的"渴望（pothos）"，即某种非理性的冲动所导致的结果。这是某种强大的，但最终却难以解释的力量的源头。这种冲动无法为他最亲密的朋友所通达，甚至亚历山大自己都无法对此作出解释。我们必须非常认真地对待这些迹象，因为它们可能与亚历山大那些极具象征意味的具体举动中所包含的巨大神话特质密切相关。亚历山大的行动的参照点是半神，甚至是神。

他效仿这些神祇的征战与辛劳，并且还想超越他们所取得的成就。他觉得自己被号召与这些先人竞争。最迟的一个时间点是当亚历山大前往锡瓦的阿蒙神谕所之后，他终于明显地感觉到自己是那些先神中的一员。如此，在这个世界上，他便不必再去容忍任何忤逆，也不必再去惧怕任何险阻。他必须去往边界，去往已知人类世界的尽头。他必须是这个世界上第一个，也是唯一一个天下莫敌的统治者，他的名声和荣耀凌驾于一切生灵之上，不仅是现在，还有过去，甚至是在未来。这便是他所渴望的一切。从他的童年开始，当他沉浸于那些讲述着他的祖先获得至高荣誉的英雄传说时，这些念头便驱使着他。在他所实现的巨大而难以想象的成功中，这种冲动得到了证实。他也在自己所享受的宗教崇拜中获得了某种庄严。

但亚历山大不是一个完全被冲动左右的狂暴斗士。他对于世界尽头的追寻遵循着前沿的地理知识的指引，并且他还抱有对于完善地理认知的兴趣。这一切都是建立在系统的、专业的准备之上的，同时还有军队人员进行辅助。"整个世界！"——虽然亚历山大的冲动如此叫嚣着，但这条路完全是铺设在客观、明智的轨道上，并且在行进过程中进行了合理的规划。总体而言，在一般的政治交往中，亚历山大按照友善或是敌对、怀柔或是惩戒、提携或是毁灭的简单逻辑，冷酷地进行着计算。

不管是出于什么冲动，也不管是通过什么手段，亚历山大都是极具个人魅力的，对于马其顿人来说尤其如此，但对于其他人来说也不例外。只有这样才能成就这番连最大胆的想象都难以企及的伟业。由此，亚历山大也同时成了一个备受讨论的问题的典型案例——个体在历史进程中究竟具有何种意义？扮演了何种角色？又在多大程度上影响了历史的进程以及历史事件？这些事情脱离了，或者说似乎脱离了人类的控制，因为它们是由如此多的人类冲动及其行为所滋养的，以至于它们不再能够被分门别类地确定出来。近几十年来，历史学家们也在这个意义上更倾向于认为，个人在对历史的影响中只占有很小的比重。对历史的理论反思也主要是关注那些不可支配的、过程性的、自主性的东西，这使得历史上那些强大的个体也没有什么发挥的空间。而在经历了总统戈尔巴乔夫的事件之后，情况似乎有所转变，至少是对于某一事件本身来说，人们可能会更倾向于重视个人因素。而亚历山大正是一个非常好的，也许是最好的例子，由此我们可以说明，在世界史意义上，个人的行为确实可以在很大程度上带来巨大的改变。

毫无疑问，亚历山大拥有得天独厚的条件和比别人更高的起点：他的父亲在马其顿给他留下了一个组织严密且内部稳定的王权国家；希腊的各个城邦不仅皆因旷日持久的战乱而疲惫不堪，而且在腓力二世的影响下陷入依附马其顿的状态；而伟大的波斯大帝的王国也仍在与自身强烈的解体倾向抗争；亚历山大自己的士兵即使在最艰难的情况下，也表现着难以动摇的忠诚。此外，亚历山大还拥有个人才能，比如前面提到的政治上的独断力以及军事能力，使得他在紧要关头能够冷血地，几乎是本能地执行正确的选项。并且在许多危急的情况下，好运总站在他的一边，这一点在古代就已经引起了激烈的讨论。

然而，我们前文中所提到的内在驱动力才是真正的决定性因素，这是一种极端的、难以理解的、非常具体的对于神话的神往，以及与英雄们比拼的强烈欲望。刚才提到的历史机遇和个人才干也可能发生在他人的身上并助其一臂之力。但一方面具备理性规划的能力，另一方面又对神话有着好似全然生活于其中般的着迷，这完全是亚历山大的个人特质。这一点可以为亚历山大的很多行为作出解释：无论是他拒绝了波斯大帝提出的分割统治权的建议，还是他开启一场在现实意义上直至世界尽头的远征。正是亚历山大的这种个人特质推动了波斯帝国与其周边地区的完全融合，从而为希腊文明的扩张和多元化文化移入的进程创造了空间，同时，这种文化融合标志着一个崭新的时代——希腊化时代——的开始。因此，亚历山大的身影在自历史学家约翰·古斯塔夫·德罗伊森以来的历史判断中跻身首列，并不是毫无理由的——"亚历山大这个名字标志着一个时代的结束，和一个新时代的开始。"

除此之外，亚历山大对于整个历史判断来讲也是一个特别的挑战。他的残暴总是引起人们的厌恶，而且还将一遍又一遍地引起人们的厌恶，正如他的伟大与仁慈所带来的与将会带来的赞赏一般。我们在本书伊始提到的对于亚历山大这个人物形象的各类判断的投射更是提醒我们，在下判断时应当保持克制。判断和评价的标准和尺度往往是由历史学家们指出的，他们一再提请人们加强关注那些受时代影响的视野。他们强调在亚历山大生活的世界中，暴力逻辑与恐吓逻辑占据着主导地位，而出于自我保护，人们很难不去考虑这种逻辑，从而使得这种逻辑强烈地影响了同时代人的心态以及价值观。但恰恰是在这种背景下，历史学家注意到了亚历山大的特殊性，注意到了他的某种"过火"；而亚历山大将这种倾向极端化，并从而再度增加了这种过火的程度。这种做法使得人们无法按照"理解即宽恕"的原则对他进行评判——尽管这种"过火"促成了难以想象的成功。在这个意义上，也恰恰是在这一意义上，历史的分化并不绝对导致相对化。我们没有理由将自身封闭在对伟人或隐秘或张扬的崇敬之中。如果我们把视线从他身上移开，转向那些被他的冲动所影响和波及的人群，转向受害者，那么，另一种评判便会浮出水面。由于我们的资料主要是围绕着英雄本人所展开，因此，与重述英雄事迹相比，本质上我们必须在另一些人群身上使用更多的历史想象力。如此，我们便可以理直气壮地召回我们的文学想象力，例如阿诺·施密特（Arno Schmidt）在他的文章《亚历山大或什么是真理》（*Alexander oder Was ist Wahrheit*）中对大帝身边的环境的描述。如果人们能够将主客二元同时置于自己的视野之内，那么人们便能够从这个成功的故事中鲜活地体会到政治暴力在宽严并济的紧张关系中所能起到的作用。同时，这个故事也让我们能够衡量，或者至少能够想象，在个人的标志性的伟大背后，在这个撼动世界、改变历史的伟人身后，隐藏着的是成千上万人所遭受的苦难。

大事年表

前 360~ 前 336 年	腓力二世统治马其顿。
前 359~ 前 338 年	阿尔塔薛西斯三世统治波斯帝国。
前 356 年 7 月 20 日前后	亚历山大出生。
前 352 年	腓力二世担任色萨利同盟的执政官。
前 343~ 前 340 年	亚历山大于亚里士多德处求学。
前 340 年	亚历山大担任腓力二世的副手。
前 338 年 8 月 2 日	喀罗尼亚之战爆发。
前 338 年秋	缔结普遍和平条约（科林斯同盟）。
前 337 年春	科林斯同盟决定共同对抗波斯。

前 337 年春 / 夏	腓力二世与克利奥帕特拉·欧律狄刻结婚，腓力二世与亚历山大决裂。
前 336 年春	希波战争拉开序幕：帕曼纽与阿塔罗斯率领先遣部队前往小亚细亚。
前 336 年秋	腓力二世在他女儿克利奥帕特拉和亚历山大一世的婚礼上被暗杀；亚历山大继任；亚历山大担任色萨利同盟的执政官并执掌科林斯同盟；大流士三世科多曼努斯成为波斯大帝。
前 335 年春 / 夏	发动针对特里巴利人和伊利里亚人的巴尔干半岛远征；横渡多瑙河。
前 335 年秋	摧毁底比斯。
前 334 年春	对波斯发动远征。
前 334 年 5 月	格拉尼库斯战役。
前 334 年夏 / 秋	攻克小亚细亚西部和西

	南部的沿海地区。
前 334 年冬	在弗里吉亚驻扎。
前 333 年春	门农入侵爱琴海。
前 333 年 5 月	门农逝世。
前 333 年夏	亚历山大滞留奇里乞亚。
前 333 年 10~11 月	伊苏斯之战。
前 332 年 1~8 月	围攻特洛伊；大流士与亚历山大谈判。
前 331 年初 / 春	修建埃及的亚历山大港。
前 331 年春	远征锡瓦绿洲。
前 331 年 10 月 1 日	高加米拉战役。
前 331 年 10~12 月	亚历山大在巴比伦和苏萨。
前 330 年 1~5 月	亚历山大在波斯波利斯。
前 330 年 7 月	大流士遇刺。
前 330 年 9 月	处决菲罗塔斯；帕曼纽被暗杀。
前 329 年春	翻越兴都库什山脉；攻占巴克特拉；贝苏斯落入亚历山大手中。
前 329 年秋	修建绝域亚历山德里亚。

前 328 年夏	刺死克利图斯。
前 328 年末	斯皮塔米尼斯被杀。
前 327 年春	亚历山大与克罗珊娜结婚；平衡巴克特里亚以及索格底亚那；卫兵谋反事件。
前 327 年夏	启程远征印度。
前 327 年秋 / 冬	在努里斯坦省和斯瓦特战斗。
前 326 年春	横渡印度河。
前 326 年 6 月	于希达斯皮斯河战役中对阵波罗斯。
前 326 年夏	从黑发西斯河返程。
前 326 年 11 月	印度河之旅启航。
前 325 年春	对战马里人。
前 325 年夏	抵达印度河三角洲；在印度河河口及印度洋祭祀。
前 325 年秋	返程，穿越格德罗西亚沙漠。
前 325 年 12 月	在卡曼尼亚与大军会合；

	狄俄尼索斯游行。
前 324 年春	亚历山大在苏萨；集体婚礼；将士兵们的婚姻合法化。
前 324 年夏	俄庇斯士兵哗变；颁布放逐者赦免令。
前 324 年秋	赫费斯提翁逝世。
前 323 年春	希腊向亚历山大派出朝拜使团：祭祀神祇；准备对阿拉伯发动远征。
前 323 年 6 月 10 日	亚历山大逝世。

　　此处简要列出的文献为对写作本书启示良多并提供了大量信息的著作，以及其他帮助我们更好地理解亚历山大，尤其是认识其多面形象的作品。

Alexander the Great, Greece and Rome, 2nd Ser. 12, 1965, 113 ff.
Alexandre le Grand. Image et réalité (Fondation Hardt, Entretiens 22), Vandoeuvres-Genf 1976.
Andreotti, R., Il problema di Alessandro Magno nella storiografia dell'ultimo decennio, Historia 1, 1950, 583 ff.
Badian, E., Alexander the Great, 1948–1967, The Classical World 65, 1971, 37 ff. 77 ff.
Berve, H., Das Alexanderreich auf prosopographischer Grundlage, 2 Bde., München 1926.
Borza, E. N., In the Shadow of the Olympus. The Emergence of Macedon, Princeton 1990.
Bosworth, A. B., A Historical Commentary on Arrian's History of Alexander, 2 Bde., Oxford 1980. 1995.
Bosworth, A. B., Conquest and Empire. The Reign of Alexander the Great, Cambridge 1988.
Bosworth, A. B./Baynham, E. J. (Hrsg.), Alexander the Great in Fact and Fiction, Oxford 2000.
Briant, P., Alexander the Great and His Empire, Princeton 2012.
Briant, P., Alexandre des Lumières. Fragments d'histoire européenne, Paris 2012.
Burich, N. J., Alexander the Great. A Bibliography, Kent 1970.
Demandt, A., Alexander der Große, Leben und Legende, München 2009.
Demandt, A., Politische Aspekte im Alexanderbild der Neuzeit, Archiv für Kulturgeschichte 54, 1972, 325 ff.
Droysen, J. G., Geschichte des Hellenismus I², Gotha 1877.
Engels, D.W., Alexander the Great and the Logistics of the Macedonian Army, Berkeley u.a. 1978.
Errington, M., Geschichte Makedoniens, München 1986.
Gebhard, R./Rehm, E./Schulze, H. (Hrsg.), Alexander der Große. Herrscher der Welt, Darmstadt 2013.
Gehrke, H.-J., Geschichte des Hellenismus, München ⁴2008.
Gehrke, H.-J., Alexander der Große. Mythos macht Geschichte, in: Hartmann, A./Neumann, M. (Hrsg.), Mythen Europas. Schlüsselfiguren der Imagination, Regensburg 2004, S. 66–81.
Green, P., Alexander of Macedon 356–323 B.C., Harmondsworth ²1974.
Griffith, G.T. (Hrsg.), Alexander the Great. The Main Problems, Cambridge – New York 1966.

Hammond, N. G. L./Griffith, G. T./Walbank, F. W., A History of Mace-
donia, 3 Bde., Oxford 1972. 1979. 1988.

Hammond, N. G. L., Alexander the Great. King, Commander and States-
man, London 1981.

Hampl, F., Alexander der Große, Göttingen ²1965.

Hansen, S./Wieczorek, A./Tellenbach, M. (Hrsg.), Alexander der Große und
die Öffnung der Welt. Asiens Kulturen im Wandel, Regensburg 2009.

Heckel, W./Tritle, L./Wheatley, P. (Hg.), Alexander's Empire. Formula-
tion to Decay, Claremont, CA 2007.

Heuß, A., Alexander der Große und das Problem der historischen Urteils-
bildung, Historische Zeitschrift 225, 1977, 29 ff.

Högemann, P., Alexander der Große und Arabien, München 1985.

Instinsky, H.-U., Alexander der Große am Hellespont, München 1949.

Jacoby, F., Kleitarchos (Nr. 137), in: Realencyclopädie der Klassischen
Altertumswissenschaften XI 1, 1921, 622 ff.

Lane Fox, R., Alexander the Great, London 1973 (dt. 1974).

Lane Fox, R., The Search for Alexander, London 1980 (dt. 1990).

Lane Fox, R., Alexander der Große. Eroberer der Welt, Stuttgart ²2004.

Lauffer, S., Alexander der Große, München ²1981.

O'Brien, J. M., Alexander the Great. The Invisible Enemy. A Biography,
London-New York 1992.

Ritter, H.-W., Diadem und Königsherrschaft. Untersuchungen zu Zere-
monien und Rechtsgrundlagen des Herrschaftsantritts bei den Persern,
bei Alexander dem Großen und im Hellenismus, München-Berlin 1965.

Schachermeyr, F., Alexander der Große. Ingenium und Macht, Graz-Salz-
burg-Wien 1949.

Schachermeyr, F., Alexander der Große. Das Problem seiner Persönlich-
keit und seines Wirkens, Wien 1973.

Seibert, J., Alexander der Große, Darmstadt 1972.

Strasburger, H., Alexanders Zug durch die Gedrosische Wüste, Hermes
80, 1952, 456 ff.

Tarn, W. W., Alexander the Great, 2 Bde., Cambridge 1948 (dt. 1968).

Weber, G. (Hrsg.), Kulturgeschichte des Hellenismus. Von Alexander dem
Großen bis Kleopatra, Stuttgart 2007.

Wiemer, H.-U., Alexander der Große, Beck Studium, München 2005.

Wiesehöfer, J., Das antike Persien von 550 v. Chr. bis 650 n. Chr., Mün-
chen-Zürich 1994.

Wiesehöfer, J., Die ‚dunklen Jahrhunderte' der Persis, München 1994.

Wilcken, U., Alexander der Große, Leipzig 1931.

Will, W., Alexander der Große, Stuttgart u.a. 1986.

Will, W. (Hrsg.), Zu Alexander dem Großen, Festschrift G. Wirth zum
60. Geburtstag, 2 Bde., Amsterdam 1988.

Wirth, G., Studien zur Alexandergeschichte, Darmstadt 1985.

Wirth, G., Der Brand von Persepolis. Folgerungen zur Geschichte Alexan-
ders des Großen, Amsterdam 1993.

亚 历 山 大 大 帝

亚 历 山 大 大 帝

作者简介

汉斯－约阿希姆·格尔克（Hans-Joachim Gehrke），1945年生人，曾于哥廷根大学、维尔茨堡大学、柏林大学和图宾根大学任教，2007年至2011年任德国考古研究所所长，为国际著名古希腊研究专家。

译者简介

王诗文，生于北京崇文区，首都师范大学哲学学士，Erasmus Mundus欧洲哲学硕士，布拉格查理大学哲学博士候选人。旅居德国数年。尼采有言，翻译之事，肯綮之处莫过于把握原语言风格之节奏。由此时刻谨记：尽力体味原作中风格文体的幽微之处，切莫使用心可嘉而近乎伪造的翻译在无意中将原文平庸化。

图书在版编目（CIP）数据

亚历山大大帝 /（德）汉斯-约阿希姆·格尔克著；
王诗文译. -- 北京：社会科学文献出版社，2021.6
（生而为王：全13册）
ISBN 978-7-5201-8346-8

Ⅰ.①亚… Ⅱ.①汉… ②王… Ⅲ.①亚历山大大帝
(前356-前323)－传记 Ⅳ.①K835.407=2

中国版本图书馆CIP数据核字（2021）第092719号

生而为王：全13册
亚历山大大帝

著　　者 /　[德]汉斯-约阿希姆·格尔克
译　　者 /　王诗文

出 版 人 /　王利民
组稿编辑 /　段其刚
责任编辑 /　周方茹
文稿编辑 /　陈嘉瑜

出　　版 /　社会科学文献出版社·联合出版中心（010）59367151
　　　　　　地址：北京市北三环中路甲29号院华龙大厦　邮编：100029
　　　　　　网址：www.ssap.com.cn
发　　行 /　市场营销中心（010）59367081　59367083
印　　装 /　北京盛通印刷股份有限公司

规　　格 /　开　本：889mm×1194mm　1/32
　　　　　　本册印张：6.125　本册字数：85千字
版　　次 /　2021年6月第1版　2021年6月第1次印刷
书　　号 /　ISBN 978-7-5201-8346-8
著作权合同
登 记 号 /　图字01-2019-3610号
定　　价 /　498.00元（全13册）